生活者のための不動産学入門

齊藤広子・中城康彦

生活者のための不動産学入門（'13）
©2013　齊藤広子・中城康彦

装丁・ブックデザイン：畑中　猛

まえがき

　不動産は私たちの生活に密着しています。私たちは，不動産なしでは生きていけません。不動産は，国民の経済，国民の生活にとって必要不可欠な財なのです。

　例えば，住宅を例にとって考えてみましょう。私たちは，そこで一日のスタートをし，そこで一日を終えます。生活，人生の多くを過ごしています。大事な家族と団らんをしたり，明日も元気に仕事ができるように休息する場でもあります。

　もし，その住宅に問題があれば，私たちの生活は一変してしまいます。同じように必要なものであっても他の財と比べ，簡単に買い替えたりもできません。簡単に捨てることもできません。

　しかし，私たちは，住宅の賃貸や購入の知識を持っていないことが多いのです。多くの人にとって，住宅を借りること，購入することはそう多くありません。ですから，経験を積み，経験から学ぶことはなかなかできません。まして，そうしたことを今までどこでも教えてくれませんでした。

　住宅だけでなく，不動産全てが私たちにとって大事な資産です。社会にとっても大事な資産なのです。人は生まれながらにして，不動産を利用し，所有し，それを活用して収益を得ているであって，これからも永遠に不動産との関わりを断ちえないのです。

　本書では，私たちの身近な不動産に関するテーマを取り上げて，太郎さんと花子さんと一緒に，不動産学の基礎的な知識と考え方を身につけるように構成しています。

　日本において，不動産学は新しい学問ですが，欧米やアジアではすで

にメジャーな学問になっています。法律，経済や経営，工学の分野にもまたがる，実践的・学際的な学問です。

　さあ，生活者である私たちが，不動産に関する知識を学ぶことで自らの生活におけるトラブルを予防・解消し，より豊かな生活の実現，さらに豊かな都市の実現につなげていきましょう。

　なお，各章の末にはその章の理解をより深めるために判例をつけています。私たちの身近な不動産が裁判になった場合には，どのような判決となるのでしょうか。また，なぜそのような判決となるのかを，合わせて勉強していきましょう。

2013年3月
齊藤広子

目次

まえがき　　齊藤広子　3

1 生活に身近な不動産学　　齊藤広子　10
 1. 不動産とは　10
 2. 不動産を取り巻く法制度と専門家　14
 3. 不動産学とは　20
 4. 生活に身近な不動産学　21

2 住まいを借りる　　齊藤広子　24
 1. 賃貸住宅の種類　24
 2. 住まいを借りるルールとトラブル　26
 3. 賃貸借契約の種類　31
 4. 諸外国の賃貸住宅トラブル予防の事例　31
 5. まとめ　33

3 住まいを探す　　中城康彦　36
 1. 建物を支える仕組みと住宅の種類　36
 2. 住宅取得の方法　45
 3. 住宅の開発や取り引きを行う専門家　47
 4. まとめ　48

4 | 住まい購入の契約をする

齊藤広子・小川清一郎　51

1. 住まい購入の流れ　51
2. 契約の解消　55
3. 瑕疵担保責任とアフターサービス　56
4. 住まい購入をめぐる情報の非対称性による問題を予防する法制度　58
5. 諸外国の住宅取引制度と住宅情報　60
6. まとめ　62

5 | 住まいを管理する

齊藤広子　65

1. マンションの所有方法　65
2. マンション管理の仕組み　67
3. マンションの維持管理　70
4. マンション管理を支える専門家　73
5. まとめ　75

6 | 住まいの環境を守る

阪本一郎　77

1. 土地利用のルール　77
2. 環境とルール　81
3. ルールの決め方とルールの背後にある価値観　85
4. まとめ　88

7 住まいと環境をつくる　　　│阪本一郎　90
1. 新開発から再開発へ　90
2. 地区を全面的につくりかえる再開発　95
3. 密集市街地の環境改善　101
4. まとめ　104

8 住宅価格が決まる　　　│前川俊一　107
1. 分譲市場と流通市場　107
2. 各主体の需要価格または供給価格　107
3. 各主体の取り引きの基準とする価格　112
4. 住宅市場における価格の決定　114
5. 住宅価格の変動　116
6. まとめ　116

9 住まいの資金計画をたてる　　　│前川俊一　119
1. 住宅購入のための資金調達可能額　119
2. 住宅ローン　120
3. 住宅に関する税制　123
4. 住宅購入に関する資金計画　126
5. まとめ　129

10 不動産を相続する　　　│中城康彦　132
1. 相続とは　132
2. 相続する不動産の評価　135
3. 相続税　138
4. 不動産の登記　142
5. まとめ　144

11 | ストックを活用する　　中城康彦・齊藤広子　147
1. 住宅の広さ　147
2. 住宅の間取り　150
3. 間取りの変更　153
4. 共用部分の改修　157
5. まとめ　159

12 | 土地を活用する　　中城康彦　161
1. 建て替えに関する私法上の制限　161
2. 建物新築に関する公法上の制限　165
3. 土地活用方策　170
4. まとめ　172

13 | 不動産を分割・併合する　　中城康彦　175
1. 不動産の経済価値としての価格　175
2. 土地の分割による経済価値への影響　179
3. 土地の併合による経済価値への影響　186
4. まとめ　188

14 | 不動産を経営する　　中城康彦　191
1. 持ち家の経営　191
2. 賃貸用不動産の経営　196
3. 証券化不動産への投資　201
4. まとめ　204

15 | 不動産の価値を上げる　　齊藤広子　207

1. 住まう環境の価値　207
2. 価値を上げる住環境のマネジメント　210
3. 米国・英国における住環境マネジメントの実践　211
4. 日本における住環境マネジメントの実践　214
5. さいごに　216

判　例　　小川清一郎

住まいの賃貸借に関する判例	35
住まいを探すに関する判例	50
住まい購入の契約に関する判例	64
マンション管理に関する判例	76
住まいの環境に関する判例	89
環境をつくるに関する判例	106
住宅価格に関する判例	118
資金計画に関する判例	131
不動産の相続に関する判例	146
ストックの活用に関する判例	160
土地の活用に関する判例	174
不動産の分割・併合に関する判例	190
不動産の経営に関する判例	206
住まいの環境の価値を上げるに関する判例	218

参考文献	219
索　引	222

1 生活に身近な不動産学

齊藤広子

《**目標＆ポイント**》 不動産学とは何だろうか。私たちの生活にどう関係するのか。不動産学は，いかに私たちの身近な学問で，かつ総合的・学際的な学問であるかということを太郎さんと花子さんの生活を通して理解しよう。
《**キーワード**》 不動産学，不動産

1. 不動産とは

　不動産学とは，不動産，それを取り巻く環境・社会を，国民のために，広くは全人類のために健全なものする学問である。では，はじめに不動産とは何かを見ていこう。

(1) 不動産とは何か

　不動産とは，動産ではないものであるが，法律での定義を見ておこう。「土地及びその定着物（民法86条1項）」とあり，不動産以外はすべて動産になる。では，土地の定着物とは何だろうか。土地について離れないものであり，建物，樹木，鉄塔などになる。

　では，建物とは何か。厳格に考えると，壁がなく，屋根と柱だけのガレージや，公園にある東屋などは構築物で，建物に含まれない。建物とは，屋根・壁などがあり，土地に付着しており，建物の利用目的が達成できる，利用上も構造上も独立した利用が可能なものである[1]。

　また，住宅等の建物に付随している襖，障子，畳は動産であるが，建

物に付属する従物として，売買，賃貸等では不動産に付属するものとして扱われることが多い。

(2) 不動産の特徴
　不動産には動産に比べてどんな特徴があるだろうか。生活との関わりからみていこう。
①動かない，不動性
　土地とそれに定着しているものは動かない。動かせない。購入や借りる際には現地で確認する必要があり，かつ不具合があっても簡単に持っていけない商品である。生活者自身の現場での確認が重要になる。
②限りあるもの，不増性
　土地は原則限りあるものである。ゆえに，買占め等が行われると，供給量を増加できず，価格の急騰につながる。よって安心できる生活には土地政策が重要な鍵となる。
③世の中に同じものは2つとない，個別性
　その土地は1つしかなく，個別性がある。つまり，全く同じ住宅が建っていても，同じ土地に建つ同じ住宅は2つは世に存在できない。わが国では土地と建物は別々の不動産であるが，一体になることで，新たな価値を持ち，独自性が高まる。つまり，価格や機能・利便性は，全ての不動産で個別性を持つ。そのため，価格設定には非代替性，非同質性を踏まえた独自の論理が必要である。
④都市の構成要素
　私たちが朝目覚め，住まい，そこから駅に向かう道，周りの住宅，公園，駅，そして到着した会社が入っている建物，昼食を買いに行く商店，仕事が終わって立ち寄る飲食店，すべてが不動産である。都市は不動産で構成されている。つまり，都市の景観，都市の使いやすさはどんな不

動産をつくるかにかかっており，都市政策は重要な課題である。

⑤生活やビジネスの基本の場

　私たちの生活やビジネスに無くてはならないもの，かつ多くの時間を過ごす場である。私たちは1日の多くの時間を不動産の中で過ごす。また人生の多くの時間も不動産の中で過ごす。ゆえに，身体・生命に与える影響は大きく，安全性・快適性などの基本的な性能はどんな不動産にも最低限求められる。地震が多いわが国では，耐震性が重要な課題である。安全性の政策面としての取り組みが求められる。

⑥基本的な自分の場所

　不動産には，社会的にどのような地位があろうとも，基本的な自分の場所を示す，あるいは社会に所属する基本的な場所を示す機能がある。例えば，私たちは，住まいの住所が置かれるところで選挙の投票する権利をもつ，小学校などの義務教育を受ける，などである。

⑦高価な商品

　購入するにしても借りるにしても，不動産は高価な商品である。例えば，住まいの価格は首都圏の平均が約4,500万円（2009年，マンション4,535万円，戸建て住宅4,688万円）で，年収の約6倍（マンション5.6倍，戸建て住宅5.8倍）である。多くの人にとって，人生最大の買い物が住まいになる。

⑧長い耐用年数，利用期間

　他の商品に比べ耐用年数，利用期間が長い。日本の住まいや建物は，欧米に比較し，寿命が短いといわれるが，2008年には長期優良住宅法（長期優良住宅の普及の促進に関する法律）も公布され，建物の長期利用化が促進されている。これからの不動産は環境への配慮も考え，長寿命化は重要な課題となり，不動産はつくる開発とともに，それをいかに長く快適に使い，管理するのか，さらには市場や相続でどのように次世

代に円滑に引き継がれるかが重要な課題である。いわば不動産は引き継がれる商品である。

⑨多様に機能や価値を変化させられる商品

不動産の土地を例に挙げてみる。そのままでは価値を生み出さないが，建物を建てることで新たな価値を生み出す。さらに，同じ建物でも住宅から事務所に用途を転用することにより，また新たな価値を生み出す。このように，不動産は多様に機能や価値を変化させられる商品である。

⑩日本経済に大きな影響

不動産は収益や投資の対象となりやすいだけでなく，土地の価格や住宅の価値，建設材料費の上がり下がりは，国民生活に大きな影響を与え，日本経済に大きな影響を及ぼす。実際に，日本経済のために住宅需要を喚起する施策が行われてきた。こうした傾向は日本だけでない。例えば，英国でも HIP（Home information pack）の導入により，住宅市場が低迷し，景気悪化につながったとされている。適正な対応政策が求められる。

⑪市場で取り引きされる商品

不動産は，相続される以外は市場で取り引きされる商品である。しかし，消費者をはじめ多くの取引者は，人生に何度も不動産取引をした経験がないゆえに，取り引きに関する専門知識をもたず，トラブルが多い。その原因の一つには，市場での取り引きにおける情報の非対称性の問題がある。不動産市場の情報開示体制の整備が課題である。

⑫地域に与える影響が大きい

不動産は開発利益や外部不経済など，地域に与える影響が大きい。超高層マンションができると，眺望，日照，風害だけでなく，地域の小学校などのインフラ不足などの影響を与える。一方では，新しい開発によ

り，地域のイメージが変わり，客の増加や地価の上昇などの影響を受けることもある。また，不動産が適正に管理されないことで，地域価値が下がることもある。不動産とは他の不動産にも影響を与える，相互に価値に影響を与えあうものである。

2. 不動産を取り巻く法制度と専門家

生活やビジネスの基本の場，商品としての特殊性，都市の構成要素として前述の特徴をもつことから，動産とは異なる法規制やルール，不動産にだけ適用される制度，専門の業態や専門家が必要となっている。

(1) 不動産の法

不動産には独自の利用，所有のルールがあり，それに関する法律がある。

①利用の権利

私たちの日常で物を使うには，自分で購入することが多いだろう。今着ている服はどうか。今持っているペンはどうか。今日食べた食事はどうか。多くは自分の物で，自分で買った物ではないだろうか。ところが衣食住のなかでも，住まい，不動産は必ずしも所有するだけでなく，借りることも多い。つまり，利用する権利は所有権だけでなく，借りて利用する権利もある。その借りる権利に多様な種類があるのも，不動産の特徴である。また，利用する権利には物権と債権があり，利用する目的に応じて権利にも種類がある（表1-1）。

表1-1 土地の利用の権利：他人の土地を利用する権利

権利の種類 \ 目的	建物所有	それ以外
物権[2]	地上権	地上権，永小作権，地役権，入会権
債権[3]	賃借権，使用借権	賃借権，使用借権

②利用の期間

不動産には，借りて利用する権利においても借りる期間は一律ではない。さらに，借りている場合に契約期間が終了したら更新がない定期借地権や定期借家権と，そうでないものとがあり，利用期間の権利に種類がある。

③所有の権利

不動産を「自分が持つ」場合にもいくつかのケースがある。完全に一人で持つ場合，多数で持つ場合である。多数で持つ場合には，区分所有，共有，組合所有などがある。

④所有や利用の権利を示す公的制度：登記制度

私が「この不動産を持っているんだ」ということをどのように示すのか。かばんや服は自分が身につけていることや名前を書くことで表示できるかもしれないが，不動産ではそれは難しい。そこで，法務局（登記所）で個々の不動産の物理的状態と権利関係を記載する。これを登記という。登記は不動産の取り引きを安全に円滑にするための制度で，日本の不動産制度の特徴として，土地と建物が別々になっている。

⑤不動産法

不動産を対象とした法律全体が不動産法であり，大きくは不動産公法と不動産私法に分けられる。不動産公法とは，国（自治体）と私人の間を規律する法律であり，都市計画法，建築基準法，宅地建物取引業法などがある。不動産の都市構成要素や不増性を考慮し，不動産の使用・収益・処分に対する制限，財産権の制限が含まれる。不動産私法とは，私人と私人の間を規律する法律であり，民法や借地借家法，区分所有法など，不動産の契約も含んだ取り引き，不動産の所有，不動産の利用，担保に関する項目が含まれる。

(2) 不動産の価格・評価

不動産の個別性のために，価格設定には独自のルールがある。

①不動産鑑定と不動産価格

不動産鑑定とは，不動産の経済価値，つまり価格・賃料などを判定することである。不動産鑑定評価手法には，収益還元法，原価法，取引事例比較法がある。こうした方法を用いて，評価される。

日本では，不動産の価格は土地と建物が別の不動産であるため原則，住宅の価格と土地の価格は別になる。なかでも，土地の価格は個別性が高いことから，不動産鑑定士による地価公示制度をもち，公示価格が示される。地価公示制度とは，毎年1回標準地について土地鑑定委員会が正常な価格を公示し，一般の土地の取引価格に対して指標を与える等，適正な地価の形成に寄与することを目的としたものである。また，各都道府県がこれとは別に地価調査を年1回行い，公表している。

不動産に関する税のためにも不動産の評価・その情報の開示が行われている。路線価とは相続，遺贈又は贈与により取得した財産に係る相続税及び贈与税のために財産を評価する場合に適用することを目的に，国税庁が毎年発表する土地の評価価格である。その他に，各自治体による固定資産税評価額などがある。なお，不動産に関する税には取得税をはじめ，関連する税は多い（第9章 p.119 参照）。

②不動産投資，不動産金融，不動産経済

不動産投資は他の投資に比べ，投資期間が長い，多額であるという大きな特徴をもち，今までは土地の値上がりや開発利益が大きいため，キャピタルゲイン[4]が大きい投資だと考えられてきた。また，多額の資金を借り入れて行うため，支払い利息，減価償却等により当初は会計上赤字になることから，節税対策としても行われていた。しかし，成熟社会・国際社会では不動産市場を読むことが難しく，より専門性が求めら

れるようになっている。さらに，国際的な金融との関係が大きくなり，日本の経済に与える影響が大きく，適正な投資や金融のあり方は重要課題となっている。

(3) 不動産に関する政策

不動産に関する住宅政策，土地政策・都市政策を見ていこう。

①住宅政策

第2次世界大戦後の420万戸の住宅不足から出発したわが国の住宅政策は，住宅金融公庫，日本住宅公団，公営住宅の3本柱で長く進められ，住宅建設5カ年計画に示されるように，量供給に主眼が置かれてきた。しかしその後，質の重視，住生活の重視，さらにストック重視，市場重視に方針を転換し，住生活基本法の公布，施行（2006年）や，住宅の品質確保の促進等に関する法律（1999年公布）では新築住宅の基本構造部分について，10年間の瑕疵担保責任を義務づけ，消費者が品質や性能を比較することが可能なように住宅性能表示制度等を整備した。その後，構造計算書偽装問題（2005年）を受け，分譲会社が倒産などすれば，瑕疵担保責任は履行されないため，住宅瑕疵担保履行法（特定住宅瑕疵担保責任の履行の確保等に関する法律）の施行（2009年），長期に利用できる住宅の認定と認定住宅における住宅履歴情報生成・蓄積等を義務化した長期優良住宅法（長期優良住宅の普及の促進に関する法律，2008年公布），高齢者が安心して民間賃貸住宅に居住し続けられる終身賃貸借制度やサービス付き高齢者向け住宅の供給を位置づけた高齢者住まい法（高齢者の居住の安定確保に関する法律，2001年公布，2011年大幅改正）など，市場のメカニズムを利用し，生活者が安心して暮らせる体制づくりの促進と，マンション管理適正化法（マンションの管理の適正化の推進に関する法律，2000年公布）など，住宅の適正

な管理の推進が行われてきている。

②**土地政策・都市政策**

住宅・宅地不足が続いた時代には，宅地供給の促進，無秩序化予防，地価高騰予防のための施策が取られてきた。不動産鑑定士を創設（不動産の鑑定評価に関する法律，1963年公布）し，地価公示制度が始まった（地価公示法，1969年公布）。無秩序な市街化を予防するために市街化区域と市街化調整区域の区分（1968年，都市計画法改正），1972年〜73年の日本列島改造ブームによる地価高騰などを背景に，国土利用計画法を制定（1974年）し，地価暴騰を防ぐために，土地取引に対して公的関与をできる体制を整備した。

大都市地域の住宅地促進のため，大都市法（大都市地域における住宅及び住宅地の供給の促進に関する特別措置法，1975年公布），農地の宅地化の促進のために農住組合法（1980年公布）などをはじめとし，宅地化促進が続いてきた。その際に，土地基本法（1989年公布），総合土地政策推進要綱（1991年制定）では，土地政策の基本理念として，公共の福祉の優先，適正な利用及び計画に従った利用，投機目的の取り引きの抑制，価値の増加に伴う利益に応じた適切な負担があげられている。その後，バブル経済の崩壊とともに，地価が低下し，減少した都心部での人口回復のために，都心居住政策，そのための都市計画法・大都市法改正などが行われる。

(4) 不動産業と専門家

不動産に関する専門家として，不動産業者と不動産に関する国家資格者がある。

①**不動産業**

不動産に関する業務には，開発・分譲，流通・販売，賃貸，管理の大

きく4分野がある。分譲マンションを例にとって見てみよう。

　マンションの開発は，A分譲会社が行い，販売はB会社が行う。管理は，分譲会社の系列会社のC管理会社が行う。中古で売買する場合は，D仲介会社が行っている。また，住戸を賃貸に出す場合は，マンションの地場のE不動産会社が行う。このように，不動産業といっても，マンションの「開発」をする会社（A），販売・売買を主とする「流通」の会社（B，D），あるいは「管理」をする会社（C），また「賃貸」を主とする行う会社（E），これらを総合的にする会社がある。

　なお通常，施工は施工会社に依頼する。分譲会社はマンションの設計を自社でする場合，あるいは設計事務所に依頼する場合がある。

② **不動産に関する関連国家資格**

　不動産に関連する国家資格を見ていこう。

・宅地建物取引（宅建）主任者：宅地・建物の売買，交換，その代理や媒介，そして賃借の代理や媒介に際し，その契約締結より前に取引の相手側に対して重要事項説明をする。宅地・建物取引業を行うためには従業員5名に1名以上の割合で宅建主任者をおくことが義務である。

・マンション管理士：区分所有者や管理組合に必要な指導，助言，アドバイスをする。

・管理業務主任者：管理組合に管理業務の委託契約前に重要な事項の説明を行い，契約後は報告等を行う。管理業を行うためには委託を受けている30組合に対して1名以上の管理業務主任者をおくことが義務である。

・不動産鑑定士：地価公示法に基づく標準地の鑑定評価，相続税課税のための路線価の評価，相続時の資産価値の評価等，土地・建物等の不動産を鑑定・評価する。

・司法書士：不動産の売買時の所有権の移転登記，抵当権の設定登記等の登記の申請の代理などを行う。
・土地家屋調査士：土地や家屋の調査・測量を行い，建物や土地の表示の登記の代理などを行う。

3. 不動産学とは

不動産の特殊性を踏まえて，なぜ，不動産学が必要なのだろうか。

(1) 日本における不動産学の発展

「不動産は，国民の経済，国民の生活にとって必要不可欠な財である。人間は生まれながらにして，不動産を利用し，所有し，それを活用して収益をえているのであって，これからも永遠に不動産との関わりを断ちえない。」(明海大学不動産学部設立趣旨書より)

しかし，日本では，バブル経済期には，不動産を取り巻く環境は複雑化し，国民に対して，経済・生活に決してよい影響を与えていなかった。いわゆる，住宅問題，都市問題，交通問題，土地問題，環境問題などが起こり，事態は深刻化した。そこで，こうしたさまざまな問題を予防，解消するために，経済や生活に重要な影響を与える不動産を中心に，総合的に学際的に考える教育・研究機関の確立が求められた。

産業（民間企業），官公庁（国・地方自治体），学校（教育・研究機関）の三者，産官学が共同で不動産を考える場として，日本不動産学会が1984年に設立され，1992年には日本大学大学院に不動産科学専攻，明海大学には日本初の不動産学部ができ，本格的に不動産学教育がはじまった。

不動産学教育が目指すところは，不動産に関して総合的に問題に取り組める人材の育成であり，不動産学研究として，不動産に関する法・市

場・政策など，単体の学問では解けない課題を学際的に，産官学連携で取り組むことにある。

(2) 諸外国における不動産学の発展

不動産学は，わが国ではまだ歴史も浅く，マイナーな学問であるが，諸外国では歴史も長く，幅も広い。世界ではじめて不動産学教育が始まったのは英国で，長い歴史をもつのがロンドンの不動産管理カレッジ（The College of Estate Management）である。当カレッジは1919年に設立され，1967年に，レディング大学（Reading Univ.）と統合する。レディング大学では，不動産管理カレッジのほかに，不動産・計画(Real Estate and Planning) 学部と建設管理・工（Construction Management and Engineering）学部において不動産教育を行っている。同じく英国のケンブリッジ大学では，土地経済（Land Economy）学部があり，1919年にアグリカルチャースクールの中に不動産管理講座をつくり，1946年には不動産管理（Estate Management）学部となる。当学部は大学内の不動産管理を担当する部署でもあった。1961年から学問部分が独立し，土地経済（Land Economy）学部となる。不動産学教育は，欧州，アメリカ，アジアにも広がっている。

4. 生活に身近な不動産学

(1) 本講座における構成

本講座では，人間のライフサイクルから，不動産との関わりを見つめ，ライフステージごとに関わる不動産の問題を取り上げ，関連する不動産法制度や政策，市場について解説する（表1-2 p.22）。

表 1-2　本講座のストーリー

○太郎さん・花子さんの人生	
第2章	結婚し，二人の住まいを借りることになる 住まいを借りるときの基礎知識を学ぶ
第3章	子供が誕生し，住まいの購入を考え始める 住まいの構造，材料などの基礎知識を学ぶ
第4章	購入する住宅（マンション）を決め，契約を行う 購入から契約，引き渡しまでの流れと，その内容について学ぶ
第5章	購入したマンションの理事を頼まれる マンションの所有と管理の仕組みを学ぶ
第6章	知人から，隣に建つマンションの問題で相談を受ける 土地利用のルール（公法を中心に）を学ぶ
第7章	だんだん変化する街の様子。その変化にも仕組みがある 街の開発・再開発を学ぶ
第8章	子供が大きくなり，郊外の戸建て住宅に移ろうかと考え始める 住宅の売買，土地の値段について学ぶ
第9章	住宅購入にあたり，住宅ローンや諸経費の支払いが気になる 資金計画の基礎を学ぶ
第10章	親の不動産を引き継ぐことになる 相続に必要な基礎的な知識を学ぶ
第11章	相続予定の不動産の活用を考える 時代のニーズに合った不動産改修の基礎知識を学ぶ
第12章	相続予定の不動産の土地活用を考える 土地利用に関する基礎知識（私法も含めて）を学ぶ
第13章	相続予定の不動産の分割，併合による有効活用を考える 土地は分割や結合次第によって，その価値も変化することを学ぶ
第14章	相続予定のアパートを堅実に経営したいと考える 不動産経営の基礎知識を学ぶ
第15章	相続したアパートも落ち着き，戸建て住宅を購入する 不動産を通じて地域の価値が上がる仕組みを学ぶ

(2) 生活に身近な不動産学

不動産は私たちの生活に密着している。生活に与える影響が大きい。だからこそ、生活者である私たちが不動産に関する知識を学ぶことで自らの生活におけるトラブルを予防できる。さらに、より豊かな住まいの実現、さらにはより豊かなまち、都市の実現につながる。

不動産学を学び、豊かな住まいとその環境をつくろう。

》注

1) 不動産登記法上の考え方であり、建築基準法の建築物には屋根及び柱もしくは壁を有するもの、これらに付属する門、もしくは塀も含まれる。
2) 特定の物を直接支配できる権利。
3) 特定の者が特定の物に特定の行為を請求できる権利。
4) 保有している資産（不動産）の価格が変動することによって得られる利益。

2 │ 住まいを借りる

齊藤広子

《目標＆ポイント》 太郎さんと花子さんは住まいを探しています。でも，不動産表示がよく分かりません。アパートとマンションはどう違うのだろうか？ それに，家賃以外にもいろいろ必要なお金がかかるようです。住まいを借りる場合の基礎的な知識を理解しましょう。
《キーワード》 借地借家法，原状回復，敷金

1. 賃貸住宅の種類

住まいを借りる際のルールを理解する前に，どんな賃貸住宅があるかを見ていこう。

(1) 賃貸住宅の種類

賃貸住宅には，大きく分けて，その建物の所有者の属性から3つのタイプがある。1つ目は，公的主体が所有の賃貸住宅（公的賃貸住宅）で，公営の借家が全国の住宅ストックの4.2％，都市再生機構・公社の借家が1.9％である。2つ目は，勤務先会社所有の住宅，いわゆる社宅といわれる給与住宅で，2.8％である。3つ目は，民間の所有者の民営借家（民間賃貸住宅）で，全住宅ストックの26.9％である（平成20年度住宅・土地統計調査，全国）。これは全国の平均値であり，首都圏・都市部では，民間賃貸住宅率が高くなる。例えば，東京都では民間賃貸住宅は37.1％，神奈川県では29.6％，大阪府では31.1％，沖縄県では40.0％で

ある。

　こうして，民間賃貸住宅は，日本の住宅ストックの約3割（住宅全体の26.9％，借家全体の75.2％：平成20年度住宅・土地統計調査，全国）を占める。公的賃貸住宅の少ないわが国では，未持ち家取得層や持ち家取得を望まない層，さらには持ち家取得困難層等にとって，安定した居住の場として機能することへの期待が大きい。

(2) 公的賃貸住宅

　公的賃貸住宅の公営の借家，公営住宅とはどんな住宅だろうか。1951年に「公営住宅法」が制定され，低所得者を対象とする公営住宅が供給される制度が整備された。これは，国と地方公共団体が協力して，健康で文化的な生活を営むための住宅を整備し，住宅を困窮する低額所得者に対して低廉（ていれん）な家賃で賃貸または転貸し，国民の生活の安定と社会福祉の増進に寄与するためである。この根拠は日本国憲法25条にある。

　都市再生機構の借家（UR賃貸住宅，旧公団住宅）は，1955年に設立された日本住宅公団及びその後の改組組織により供給された賃貸住宅である。日本住宅公団は当時の大都市における広域的な住宅問題を解消するため，集団住宅及び宅地の大規模な供給を行うために設立され，分譲住宅，賃貸住宅，宅地供給等を行ってきた。1981年に，日本住宅公団と宅地開発公団が統合され，住宅・都市整備公団に，1999年には都市基盤整備公団（都市公団），さらに2004年には地域振興整備公団の地方都市開発整備部門と統合され，都市再生機構（UR都市機構）となった。日本住宅公団が果たした役割は，大量に住宅，宅地を供給しただけでなく，床座（ゆかざ）の生活から椅子座（いすざ）の生活，DK（ダイニングキッチン）での食事など，わが国の住まい方に大きな影響を与えた。また，公社の借家，公社住宅とは，全国にある地方住宅供給公社による住宅である。地方住

宅供給公社は国及び地方公共団体の住宅政策の一翼を担う公的住宅供給主体としての役割を果たすために，地方住宅供給公社法（1965年6月公布・施行）に基づき設立されている。

(3) 民間賃貸住宅

公的賃貸住宅はわが国では限定的で，賃貸住宅の多くは民間の所有者によるものである。これらは，低層・木造及び軽量鉄骨造のものを「アパート」，中高層・非木造のものを「マンション」と称することが多い。なお，ここでいうマンションとは区分所有のものもあり，その場合には1住戸単位で所有者が異なる。一般的には建物全体を1家主に所有されているものを指している。

2. 住まいを借りるルールとトラブル

(1) 賃貸人と賃借人

公的賃貸住宅でも民間賃貸住宅でも，住宅を借りて住む場合には，住宅の所有者と賃貸借契約を結ぶ。所有者は，住み手にとっては家主になり，賃貸借契約上は賃貸人といい，借りて住む人を賃借人という。

賃貸人，賃借人にそれぞれどのような権利義務があるのか。賃貸借は，「当事者の一方がある物の使用及び収益を相手方にさせることを約し，相手方がこれに対してその賃料を支払うことを約することによってその効力が生ずる（民法601条）」ことになる。

賃貸借契約の一般的で基本的なルールは，民法の中で決められている。しかし，民法で定められたルールは，任意規定であり，当事者間の契約が優先される。契約で決めてい

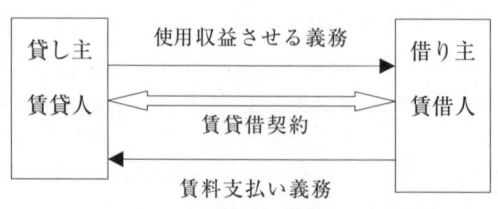

図2-1　賃貸人と賃借人の関係

ない場合には民法に従うことになる。そして,「契約自由の原則」があるが,弱い立場にある借り主を保護するための特別法である借地借家法で定められた強行規定に反した,賃借人に不利な契約内容は,無効となる。賃貸人の義務には修繕義務,賃借人の義務として,家賃の支払,善管注意義務(p.29 参照),原状回復義務などがある。

(2) 原状回復

　賃借人からの相談事項に「敷金から原状回復費用が引かれて,ほとんど返ってこない」等の原状回復に関する内容のものが多い。これは,賃借人に課せられた原状回復義務を遂行するために,賃貸人が賃借人の十分な理解を得ないまま,原状回復費用を見積もり,預かっている敷金からその費用を引き,残りの金額のみを返却するなどが行われるからである。原状回復義務とは,建物を借りた際,返すときに,借りた状態(原状)に戻して貸し主に返すことである。民法に基づいて,住宅を借りた人の責任となる。しかし,問題は賃借人がどの程度,原状まで戻す必要があるのかである。例えば,借りている間に,畳が日に焼けてしまった。これも弁償するのか。フローリングを間違って傷つけてしまった。これも弁償するのかである。この点については,国土交通省から原状回復に関するガイドラインが示されている。

　ガイドラインでは,原状回復を「賃借人の居住,使用により発生した建物価値の減少のうち,賃借人の故意・過失,善良な管理者の注意義務(善管注意義務)違反,その他通常の使用を超えるような使用による損耗・毀損(以下「損耗等」という)を復旧すること」と定義している。このガイドラインには法的な強制力はないが,原状回復の考え方の指針となっている。

　ここでは原状回復とは,「賃借人が借りた当時の状態に戻す」ことで

はない。賃借人の不注意による損耗等は，当然，賃借人が修繕費を負担することになる。しかし，通常の使用による損耗や年数が経ったことによる自然損耗の修繕費用は月々の賃料に含まれており，賃借人に原状回復義務はないとされている。

また，賃貸人と賃借人の双方が納得して，原状回復費用負担に関する特約を賃貸借契約のなかでつけていることがある。しかし，何でも特約が認められるのではない。特約が認められるのは，特約の必要性があり，かつ，暴利的でないなどの客観的，合理的理由があり，賃借人が特約によって通常の原状回復義務を超えた修繕等の義務を負うことについて認

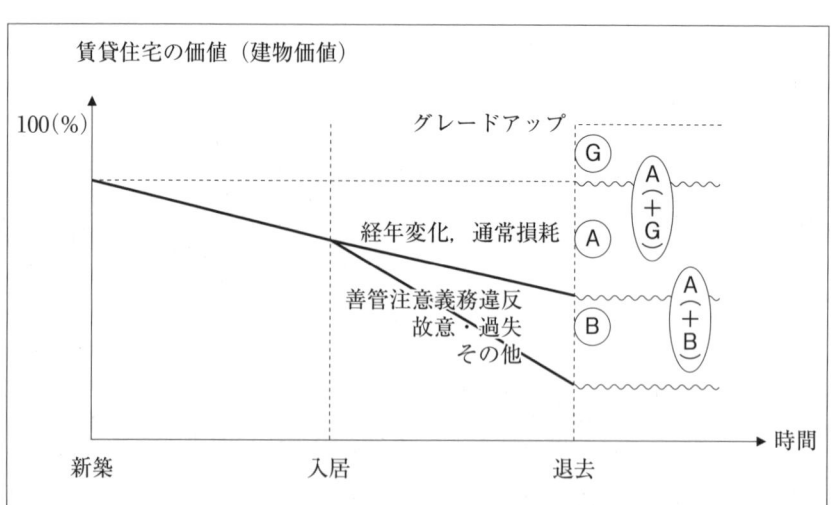

図2-2 原状回復ガイドラインの考え方
(国土交通省「原状回復をめぐるトラブルとガイドライン（再改訂版）」2011年より)

識している，賃借人が特約による費用負担の意思表示をしている等の要件が必要であり，これらを満たしていない場合，特約の内容は必ずしも有効ではないと考えられている．

(3) 善管注意義務

賃貸借契約を結んで入居した賃借人は，善管注意義務をもって，住宅を利用し，管理しなければならない．この具体的な内容は，契約書の「使用方法」や「使用に際しての注意」に基づく．また，その義務に違反した場合には，債務不履行[1]があったとみなされ，賃貸人は損害賠償を請求でき，賃貸人の担保である敷金から控除することができる．

(4) 敷金・礼金・更新料・管理費・共益費

賃貸住宅の敷金や礼金，更新料，敷引き（金）などは，地域によって

表 2-1 家賃以外の金銭の授受（商習慣）

敷　金	賃料の債権等を担保するために，賃借人から賃貸人が徴収する預かり金である．賃貸借契約終了時に，賃料滞納やその他の借り主の債務不履行が無い場合に返却する．また，債務不履行があれば，それを差し引いて返却する
礼　金	一部の地域で導入されており，全国的な商習慣ではない．礼金は，賃貸借契約時に賃借人から賃貸人に支払われる一時金の１つで，一般的には退去時に返却されない．受領の目的は地域によっても異なるが，1）前受け賃料，2）退去時の原状回復費用に充てるために，賃料に含まれるべき修繕費の一部を受領する前受け金，という考え方がある．戦後の住宅不足の際に，賃借人が賃貸人に住宅を貸してくれた「お礼」として定着してきた名残りといわれる
更新料	一部の地域で導入されており，全国的な商習慣ではない．更新料は，契約を更新する際に，賃貸人の請求により賃借人が支払う金員である．更新料特約がある場合に支払うことになる
管理費 共益費	家賃とは別に，利用に伴い月々支払う金員で，家主や管理会社によって考え方が異なっているが，共用電気代や共用水道代，定期清掃費，共用灯保守・交換料，ゴミ置き場清掃費等が含まれる．預かり金として清算される場合もある．民間賃貸住宅の多くでは月々の清算は行われていない

慣習が異なり，また管理会社によっても取り扱い方が異なる。こうした違いが，管理問題に発展することも少なくない。

(5) 賃貸管理業者，家賃債務保証業者の関与

　賃貸人と賃借人の両者の関係に，管理を行う専門家として，登場するのが，賃貸管理業者である。賃貸人と賃借人を仲介した不動産業者（宅地建物取引業法上の宅建業者）が賃貸管理業者となることもあるが，異なることもある。こうした関係が一般消費者には分かりにくい。また，賃貸管理業者が管理を行わずに，家主みずからが管理するケースもある。さらに，日本で住宅を賃借する際には，連帯保証人を用意することが習慣的に行われてきたが，最近では，こうした条件に対応できない賃借人のために，家賃債務保証業者による家賃保証が行われる場合があり，こうした業務を代行するための収納（業務）代行業者も登場し，ますます関係者が増え，一般消費者には分かりにくい構造となっている。

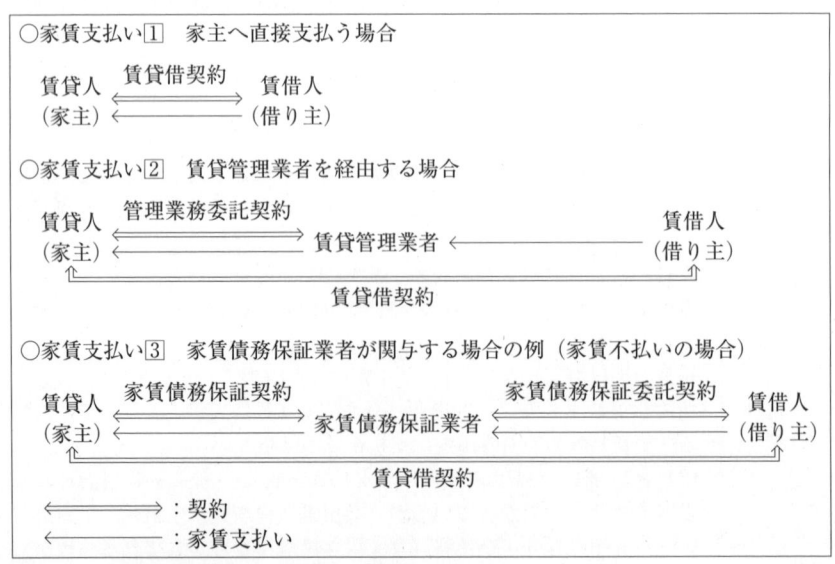

図2-3　賃貸管理業者，家賃債務保証業者の関係

3. 賃貸借契約の種類

「借りている住宅を追い出されたらどうしようか」と借り主が不安になることもあるが，家主が「古くなってそろそろ住宅を建て替えたいのだけれど，賃借人が出て行ってくれない」などの問題がある。そこで，賃貸借の契約の仕方を家主である賃貸人と賃借人の話し合いで選択することができる[2]。

賃貸借契約には，普通建物賃貸借（普通借家）契約と，定期建物賃貸借（定期借家）契約，終身建物賃貸借（終身借家）契約，一時使用建物賃貸借（一時使用借家）契約がある。

通常，住宅を借りる場合は，普通借家契約が多い。この場合に，契約期間が満了しても，家主側に正当事由がない限り，賃借人は契約を更新することができる。家主に認められる正当事由とは，①家主自身あるいは家主の身内の者がどうしても住宅の使用が必要である，②建物が老朽化しているため取り壊して建て替えが必要である，などがある。しかし，正当事由は家主の事情と賃借人の事情の相対関係で決まるため，一概にこの場合に絶対認められるということがない。そこで，契約期間が満了すれば更新のない定期借家制度が世に登場した。さらに高齢者の場合に終身住める契約（事業者や対象住宅に条件有）や，一時的使用のための契約がある。

契約の前に重要事項説明をしっかりと受け，契約内容を確認し，納得したうえで契約を行う必要がある。

4. 諸外国の賃貸住宅トラブル予防の事例

(1) 居住政策としての取り組み

日本では賃貸住宅の多くを占める民間賃貸住宅は，民間の問題として

考えられ，居住政策の対象となることが少なかった。建設時に集合住宅建設（建築）指導指導要綱や条例などで，共用施設の設置基準や管理員室の広さ，連絡先の掲示など規定されているが，良好な居住環境や管理トラブル予防のための具体的な施策は行われてきていない。しかし，公的賃貸住宅の供給制限に伴い，民間賃貸住宅のセーフティネットとしての期待，災害時の仮設住宅としての機能など，役割はますます大きくなっている。そこで，居住政策としての取り組みが必要である。

例えば，英国での住宅健康評価制度[3]は，自治体が温湿度，汚染物質，採光，騒音，衛生状態，事故の起こりやすさなどの29項目について住宅を調査し，改善勧告や使用禁止命令を出し，それでも対処しない場合には，改善を執行し，費用を徴収する制度であり，民間賃貸住宅の居住環境改善が居住政策として取り組まれている。

(2) 原状回復及び敷金返還トラブル予防のための諸外国の法制度[4]

日本で多い原状回復に関するトラブル予防には，諸外国では次のような取り組みがある。

①法律できめ細かく規定，引き渡し書の利用

ドイツでは法律できめ細かく，敷金の上限や，預かり方法が規定されており，敷金は賃貸人が別口座で保管し，利子も含めて賃借人に返却することになる。また，入居時に引き渡し書を必ず交わすことでトラブルを回避する。引き渡し書を利用し，前の居住者から次の居住者への引き継ぎを不動産業者が立ち合い，記録する。フランスでも，敷金の上限などが法で規定されており，入居退去時に賃借人・賃貸人，不動産業者が立ち会い，壁や天井，床の状態等を確認する。この際に，専用部分だけでなく，共用部分についても確認が行われ，水道や電気のメーターの数字の確認，外構などの確認も行われる。

②専門機関による敷金の預かり制度（Tenancy Deposit Scheme）

　英国でも，賃貸住宅管理の多いトラブル事例として，敷金返却の問題があり，敷金預かり金制度を2007年4月より開始した。敷金は入居時に，不動産に損害を与えた場合や家賃不払いに対処するために，賃借人が家主である賃貸人に支払う。しかし，家主は敷金を返却するのが大変遅い，あるいは不当に費用を差し引くなどの問題があった。そこで，2004年住宅法で，この状態を改善し，法廷での家主と賃借人の争いを避けるために新たなスキームが誕生した。賃貸借契約を交わすと，通常1か月分の敷金が支払われる。家主または管理会社は14日以内に，「敷金を専門機関に預ける」，あるいは「家主や管理会社が敷金を保有していてもよいが保険に入る」かのどちらかを実施し，どちらにしたのか，家主や管理会社の連絡先，契約期間終了後の返却方法やトラブルになった際の対応の仕方を，家主から賃借人に伝える。賃借人は，14日以内に家主あるいは管理会社が上記の対処をしない場合に，裁判所に申し出ると，裁判所は賃借人が支払った3倍の金額を賃借人に支払うように家主に命令することになる。賃借人が退去する際には，家主と敷金返却の合意をしたのち，10日以内にそれを受け取ることになる。また，賃借人と家主が金額に同意できない場合は，ADR（Alternative Dispute Resolution：裁判外紛争解決手続き）サービスを受けることができる。

5. まとめ

　賃貸住宅で安心してかつ快適に居住するには，生活者自身が自分の住生活にあった住宅を選択し，かつ契約内容を理解し，責任をもって，賃貸借契約を行うことである。また，賃貸住宅は都市において重要な居住形態であり，かつ管理が適正に実施できない場合の外部不経済も鑑み，今後は居住政策としての取り組みが必要である。

>> 注
1) 債務者が正当な事由なく，債務の本旨に従った履行をしないことで，履行遅滞，履行不能，不完全履行がある。
2) 2000年3月1日以降に借家契約をする場合に，定期借家契約を選択できる。
3) 2004年住宅法に基づき，2006年4月6日より実施された制度で，対象が民間賃貸住宅に限定したものではないが，主に民間賃貸住宅が対象となり，賃借人からの訴えがあれば，自治体は検査を実施することになる（2010年9月イギリス政府への聞き取り調査による）。
4) イギリスは2005年，2007年5月，2009年9月，フランスは2009年3月・9月，ドイツ2009年9月・2010年3月に現地で確認した内容である。

学習課題

1. 住宅の賃貸情報を見てみよう。家賃以外にどんな費用を支払うことになっているのか。
2. 賃貸借契約書の内容を確認してみよう。原状回復についてどんな規定があるだろうか。

❁住まいの賃貸借に関する判例❁　　　　　　　　　　　　小川清一郎

　賃貸借契約終了に伴う敷金あるいは保証金返還については争いが多い。例えば、あらかじめ敷金あるいは保証金を退去時の未払い賃料、損金などに当てるとするいわゆる敷引き特約についての事例がある。賃借人Xは、Yとの間で京都市西京区のマンションの一室（専有面積約65.5m^2）を、賃借期間2年間、賃料1か月9万6,000円の約定で賃借する旨の賃貸借契約を締結し、保証金として40万円を賃貸人に支払った。保証金をもって、家賃の支払、損害賠償その他本件契約から生ずるXの債務を担保するという特約である。Xが本件建物を明け渡した場合には、Yは、契約締結から明渡しまでの経過年数に応じた額を本件保証金から控除してこれを取得し、その残額をXに返還するが、Xに未納家賃、損害金等の債務がある場合には、上記残額から同債務相当額を控除した残額を返還する。なお、通常損耗等については、本件敷引き金により賄い、Xは原状回復を要しない、というものである。Xはこの条項が消費者契約法に反するとして提訴した。

　裁判所は、「消費者契約である居住用建物の賃貸借契約に付された敷引特約は、当該建物に生ずる通常損耗等の補修費用として通常想定される額、賃料の額、礼金等他の一時金の授受の有無及びその額等に照らし、敷引金の額が高額に過ぎると評価すべきものである場合には、当該賃料が近傍同種の建物の賃料相場に比して大幅に低額であるなど特段の事情のない限り、信義則に反して消費者である賃借人の利益を一方的に害するものであって、消費者契約法10条により無効となると解するのが相当である。」であるという原則を示して、本件では一定額の敷引特約であり、その額も賃料の2倍〜3.5倍で相当であるとしてそれにあたらないとして敷引特約を認めている。（最判平成23年3月24日判例タイムズ1356号81頁）

3 | 住まいを探す

中城康彦

《目標＆ポイント》 太郎さんと花子さんは家を買いたいと考え始めました。でも，住宅はいろいろあり，どう違うのか分かりません。とにかく地震等の災害に強い住宅がほしいです。住まいを探す場合の基礎的な知識，特に住宅の構造や材料などの基本的な知識を理解しましょう。
《キーワード》 耐震性，基礎，在来構法，注文住宅

1. 建物を支える仕組みと住宅の種類

　建物の強さとは何だろうか。それは支える仕組みに大きく関わる。では，建物はどのように支えられているのだろうか。また，住宅にはどのような種類があるのだろうか。

(1) 建物に加わる力と耐震性

　わが国は地震が多く，建物の耐震性が特に重要となる。震災により建物に大規模な被害が発生するたびに建築基準が見直されており，現行の耐震基準は1981年改正の新耐震設計が基本である[1]。
①建物に加わる力
　建物には，建物自体の重さ（自重）のほか，建物利用に際して建物に乗る人間や家具などの重さ（積載荷重），雪の重さ（積雪荷重）が加わる。さらに，風圧や地震時の振動や衝撃の力も加わる（図3-1 p.37）。
　これらの力は梁や柱を経て最終的に基礎を通じて地盤に伝えられる。

基礎は地震時に地盤の振動や変形の力を受けるため，今日では鉄筋コンクリートで堅固につくることが一般的である。

②**基礎の耐震性**

木造戸建て住宅の基礎は一般に，独立基礎，布基礎(ぬの)，べた基礎に区分できる（図3-2 p.38)。独立基礎は主だった柱ごとに独立した基礎をもち，工事量が少なく工事費も安いが，建物の荷重を「点」で支えるもので，安定性や耐震性に課題がある。布基礎は独立基礎が連続したもので，建物の主だった壁の下に，連続的に配置される。建物の荷重を「線」で支え，独立基礎に比べて安定性や耐震性が高い。べた基礎は建物の下一面を基礎として建物の荷重を「面」で支え，布基礎よりさらに安定性を高くすることができる（図3-2〜4)。より安定した構造を目指して，独

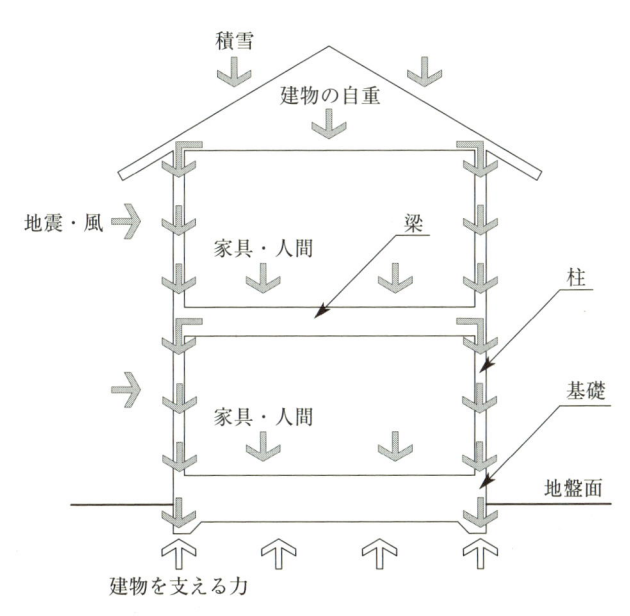

図3-1　建物に加わる力

立基礎→布基礎→べた基礎と変化している。

③壁の耐震性

地震時には地面の横揺れによって建物に水平力がかかり，柱と梁がつくる架構が変形する。耐力壁は，この変形を一定限度内に留めて建物の倒壊を防ぐもので，大きく2つのつくり方がある。

筋かいは，木造在来構法や鉄骨造で多く用いられる方法である（図3-6 p.39）。水平力による変形により柱と梁や土台で構成される長方形の対角線の長さが変化する。平時は対角線 a-a' と b-b' は同じ長さであるが，変形により，対角線 a-a' は a-a" に伸びようとする一方，対角線 b-b' は b-b" に収縮しようとする（図3-5 p.39）。このため，a-a' の位置にある筋かいには引張力が，b-b' の位置にある筋かいには圧縮力が働くが，変形を止めるのは主として前者である。地震時の大きな引張力に対抗しなければならない筋かいは抜けることがないよう，柱，梁，

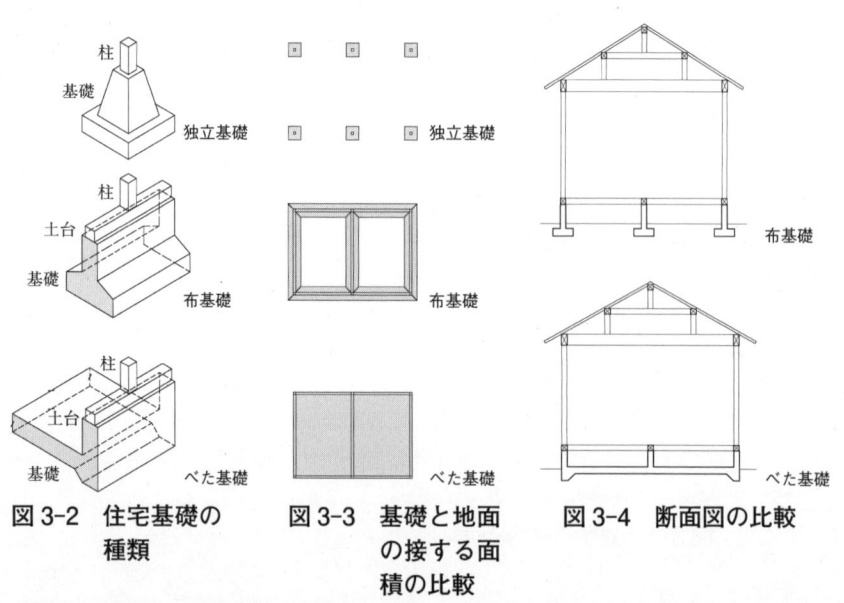

図3-2　住宅基礎の種類

図3-3　基礎と地面の接する面積の比較

図3-4　断面図の比較

（掲載：（公社）全国宅地建物取引業協会連合会『リアルパートナー』2011年7・8月号「木造在来工法の住宅の基礎と土台」より）

土台と金物でしっかり堅結する必要がある。

近年では筋かいの代わりに，耐力壁にしようとする架構部分全体に構造用合板を取り付けることも多い。合板の4周が構造体と接しているので，堅固に取り付けることができる（図3-7）。

耐力壁は各階平面図の横方向と縦方向で計算し，それぞれ必要な量を確保するが，建物全体にバランスよく配置することが大切である。

④床の耐震性

耐力壁は壁（鉛直面）の変形を少なくして安全性を確保するが，建物の床（水平面）の変形に対する安全性も必要で，木造住宅では，火打梁（ひうちばり）を入れることが一般的である。床構造の隅部に火打梁を入れるが，火打梁も引張力によって変形を留めることが基本で，鉄製の火打金物を用いることもある（図3-8 p.40）。

⑤耐震構造・免震構造・制震構造

現行の新耐震設計基準は，ⅰ）建物の供用期間中に数回起こる可能性のある中規模の地震（一般に震度5程度）に対しては多少亀裂が生じても使用上支障を来たさない，ⅱ）建物の供用期間中に一度起こるか起こ

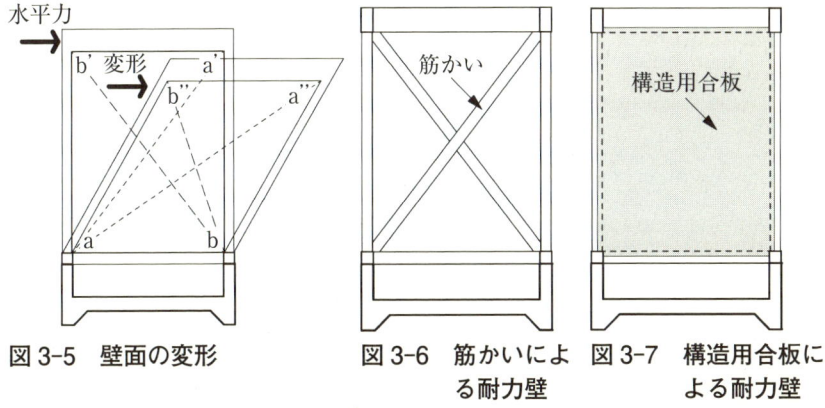

図3-5　壁面の変形　　図3-6　筋かいによる耐力壁　　図3-7　構造用合板による耐力壁

（掲載：（公社）全国宅地建物取引業協会連合会『リアルパートナー』2011年10月号「建物の耐震性と耐力壁のつくり方」より）

らないかの大地震（一般に震度6強から震度7程度）に対しては崩壊や転倒を起こさないように設計して人命の安全を確保するものである。

この基準に適合するために次のようなつくり方が採用されている。

耐震構造は，地震の力がそのまま建物に伝わったとしても，建物が破壊や損傷しないようにするものである。耐震性能を高めるために柱や梁を堅固につくるほか，耐力壁を設けて，建物の変形を抑える（前述②③及び図3-9 p.41）。

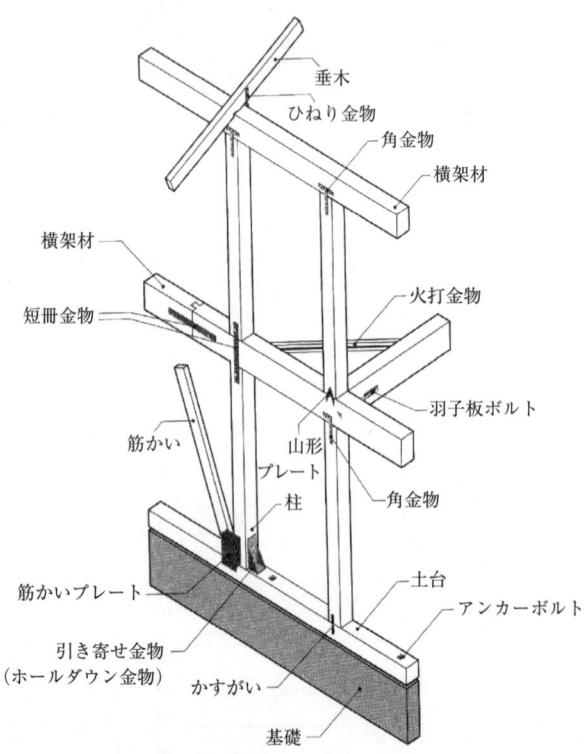

図3-8　在来構法の軸組み
（掲載：（株）エクスナレッジ『家づくり至高ガイド2012』より）

免震構造は，建物に伝わる地震力を抑制して建物の破壊を防止するものである。建物の自重などの鉛直方向の荷重を支持しつつ，水平方向に変形可能な免震装置を設置して，建物が地盤の動きに追随しないで済むようにする。免震装置には，金属板とゴムを交互に重ねた積層ゴムが広く使われ，スライドレールで滑らかな移動を可能とするものもある。免震構造は，地震によって建物が損傷することが少なく，繰り返し地震が起きても同じ性能を発揮することが期待できる（図3-10）。

　制震構造は，建物に伝わった地震力を，建物に組み込んだエネルギー吸収機構（制震装置）により減衰させ，建物の振動を低減させるものである。もともとは地震に限らず，風等による建物の振動全般を制御する方法を指す（制振）が，地震動の制御が大切なわが国では，「制震」と表記することも多い。制震構造は大規模な建築物に利用されてきたが，近年ではコンパクトな部材が開発され，住宅への適用も進んでいる（図3-11）。

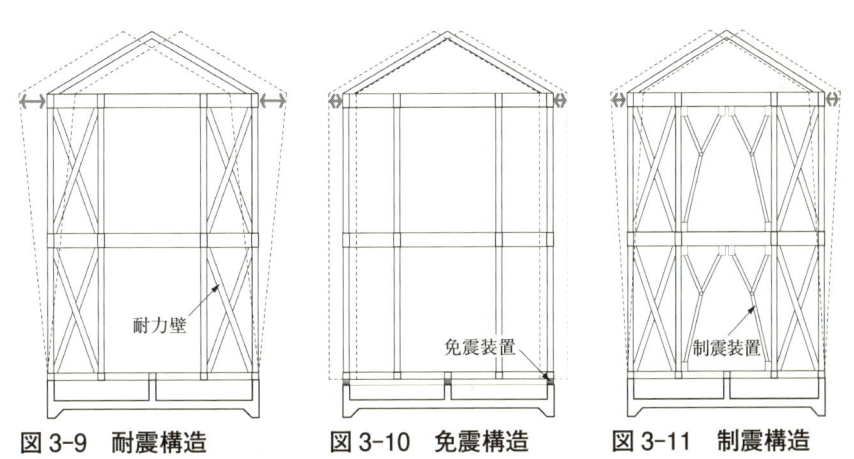

図3-9　耐震構造　　**図3-10　免震構造**　　**図3-11　制震構造**

（掲載：(公社) 全国宅地建物取引業協会連合会『リアルパートナー』2011年10月「建物の耐震性と耐力壁のつくり方」より）

表3-1 建築材料と構造の比較

	材料の特徴	構造の特徴
木造	・軽量で強いが品質にばらつきがある ・コストが安価 ・腐りやすい	・設計の自由度が高く施工しやすい ・防火・耐火性に劣る ・用途,規模,階数に制限がある
鉄骨造	・腐食しやすく,耐火性能が低い ・靭性がある ・引張力が強い	・大スパンや高層ビルに適する ・耐震性能が優れるが平時の振動は大きい ・施工性がよく工期が短い
鉄筋コンクリート造	・引張力に強い鉄筋と圧縮力に強いコンクリートを組み合わせる ・亀裂が生じやすい	・耐火・耐久・剛性に富むが工期が長い ・自重が重く地震の影響が大きい ・材料や施工状態で品質がばらつく

(2) 材料による分類

次は建物の材料による特徴の違いを見ていこう。

建物は主要構造部[2]に用いる材料により,木造,鉄骨造,鉄筋コンクリート造に分けることができ[3],各材料の特徴は表3-1である。

(3) 構法による住宅の分類

①骨組で支える方法

建物に加わる力を梁や柱などの線形の材料で支える方法である。この方法は開口部が大きく確保できる,間仕切の配置や変更が自由といった特徴がある。わが国の木造在来構法は軸組木構造ともいわれ,この方法の代表的なものである。

鉄骨造は一般にこの方法を採用する。断面がHの字の形をした重量鉄骨を用いる場合は部材が大きく,柱型が室内に出るが,断面がCの字の形の軽量鉄骨を用いる場合は,柱が壁厚の中に収まり,外部からは

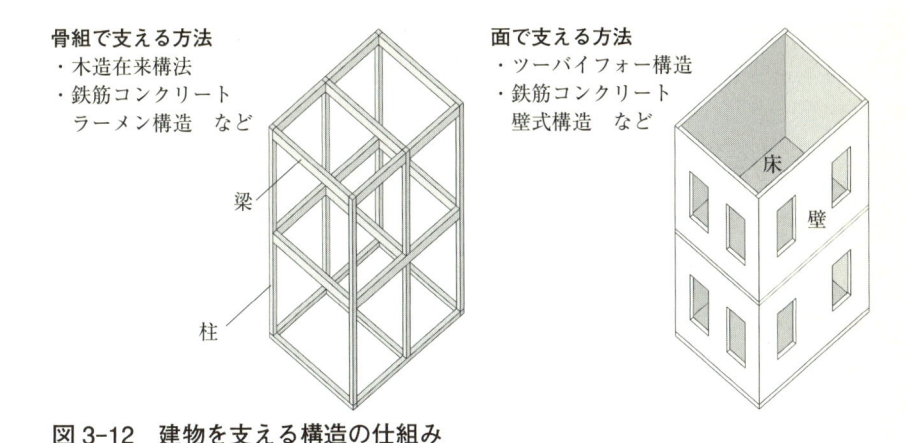

骨組で支える方法
・木造在来構法
・鉄筋コンクリート
　ラーメン構造　など

面で支える方法
・ツーバイフォー構造
・鉄筋コンクリート
　壁式構造　など

梁
柱
床
壁

図 3-12　建物を支える構造の仕組み

木造と判別しにくい場合もある。

　骨組で支える方法のうち，柱と梁が剛接合[4]しているものをラーメン（Rahmen）構造といい，重量鉄骨造や鉄筋コンクリート造で採用される。

②面で支える方法

　建物に加わる力を壁面や床面全体で支える方法である。この方法は，耐震性が確保しやすい特徴がある。ツーバイフォー構法は枠組壁構造ともいわれ，この方法に区分される。ツーバイフォー構法は，2インチ×4インチの木材を組み合わせた枠組みに構造用合板を打ちつけて壁などをつくることを基本とする方法で，北米から導入された。

　鉄筋コンクリート造のうち壁式構造[5]は面で支える方法である。

(4) 生産方式による住宅の分類

　住宅の伝統的な生産方法は建設現場に必要な材料を搬入して加工し，多様な職種の人間が協力しながらつくり上げる「現場生産」方式であるが，建材の合理的な購入と利用，品質の均一化，現場での手間の削減と

工期の短縮などのために，あらかじめ部材を工場で生産・加工し，建築現場で組み立てるプレハブ住宅が1960年代から導入された。

(5) 住宅の種類

以上の区分より，現在わが国で多く建設されている戸建住宅の種類をまとめると表3-2のとおりである。また，共同住宅についてアパートとマンションで用いられる多さを考慮し，区分し直したものが表3-3であ

表3-2 材料と構法等による戸建住宅の区分

材料による区分	構法・生産方法による区分の名称	骨組	面
木　造	木造在来構法（軸組木構造）	○	
	ツーバイフォー構法（木造枠組壁構造）		○
	木質系プレハブ構造		○
鉄 骨 造	重量鉄骨ラーメン構造	○	
	軽量鉄骨軸組構造	○	
	鉄骨系プレハブ構造	○	
鉄筋コンクリート造	鉄筋コンクリート壁式構造		○
	鉄筋コンクリートラーメン構造	○	
	コンクリート系プレハブ構造		○

注）表中，「骨組」は骨組で支える方法，「面」は面で支える方法を示し，○は該当する方法を示す。

表3-3 材料と構法等による共同住宅の区分

材料による区分	階数の制約	構法による区分	分譲
木　造	2階建てまで	表3-2の木造の欄と同様	×
	3階建て	同上（ただし，木造3階建共同住宅の基準に適合）	×
鉄骨造	──	重量鉄骨ラーメン構造	△
	──	軽量鉄骨軸組構造・鉄骨系プレハブ構造	×
鉄筋コンクリート造	5階建てまで	鉄筋コンクリート壁式構造	○
	──	プレキャストコンクリート構造	○
	──	鉄筋コンクリートラーメン構造	○

注）分譲の記号
　　○：分譲用建物（マンション）に多く用いられる
　　△：少し見られるまたは過去に用いられた
　　×：あまり用いられない（主として賃貸用建物（アパート）に多く用いられる）

る。

2. 住宅取得の方法

住宅（建物）と宅地（土地）をそれぞれどのように手に入れるのか見ていこう。

(1) 土地と建物の権利

住まいを買うとは何を手に入れることか。わが国では，住宅である建物と宅地（土地）を別個の不動産として扱い[6]，建物と土地それぞれに所有権が存在する。家を買うとは，住宅である建物の所有権を購入することであるが，建物は土地に定着して初めて利用できることより，建物所有のためには土地を利用する権利（敷地利用権）が必要となる。つまり，土地と建物両方の権利を得る必要がある。敷地利用権は土地を持っていること（所有権）が基本となるが，土地を借りていること（借地権や使用借権）でも家を持つことはできる[7]。

(2) オーダーメイドとレディメイド

オーダーメイド型（注文住宅）は，すでに土地の所有権や借地権などをもっている人がみずから建て主となって住宅を完成させる方法である[8]。建築設計の段階では，建築士事務所と（設計）委託契約を締結し，打ち合わせながら間取り，外観，仕上げ材料，仕上げ方法，設備の内容などを決める。建築設計業務が終了すると設計図を基に建設会社等に建築工事の完成を請け負わせ（建築請負契約），完成した建物の引き渡しを受ける。建築着工に必要となる建築確認は，一般に設計を委託した建築士に代理申請してもらう。工事期間中は建築設計事務所に工事監理を依頼する。

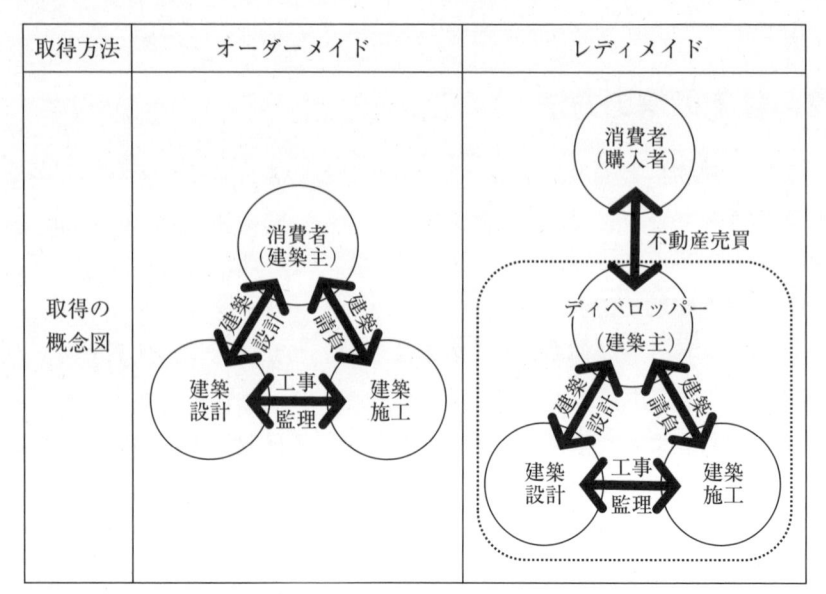

図3-13 住宅取得者（消費者）の位置

　レディメイド型（建売住宅）は，ディベロッパー（開発業者）が建て主となって，建築設計，建築施工を行って完成した住宅を，消費者が購入する方法である（土地・建物売買契約。土地は借地権などでもかまわない）。間取り等は，ディベロッパーが消費者に受け入れられそうなものに決定する。消費者は設計内容，品質管理に直接関与することはできない。マンションでは多くがレディメイドになる（図3-13）。

(3) 建築条件付き土地売買
　建築条件付き土地売買（売建住宅）は土地の売買契約を締結する際に，売り主または売り主の指定する建築業者と一定期間内に建物の請負契約を結ぶことを条件とすることをいう。建物の請負契約が締結されない場

合には，土地の売買契約は無条件で解除されることを契約にもり込む。

注文住宅と建売住宅の中間的な方法ということもできるが，住宅着工統計上は注文住宅に区分される。約定の期間内に間取り，外観，予算等，注文住宅として必要な事項を決定し，建築請負契約を締結する。これらを適切に行うために，一定の期間として3カ月程度を確保することが目安である。

(4) 中古住宅を取得する方法

中古住宅は相続等を除けば，売買契約で取得することが一般的である。土地と建物の所有権を購入するが，借地権付建物所有権を購入することもある。賃借権による借地権の譲渡は土地所有者の合意が必要となるが，裁判所により地主の承諾に代わる許可が与えられる制度があり（借地借家法19条），借地権に流動性が与えられている。

3. 住宅の開発や取り引きを行う専門家

住宅を探したり，相談したりする専門家にはどのようなものがあるのだろうか。土地を買って家を建てる場合，土地取得は不動産業者，建物の建築は建設会社に依頼する。この場合，不動産業のことを宅地建物取引業といい，国土交通大臣または都道府県知事の免許を受けなければならない（宅地建物取引業法3条）。一方，建設会社は，国土交通大臣または都道府県知事から建設業の許可を受けなければならない（建設業法3条）[9]。

住宅設計の設計・監理は建築士に依頼する。建築士には，一級・二級・木造建築士がある（建築士法2条）。

宅地建物取引業は，表3-4（p.48）に示す9つの態様（A-1〜C-3）のうち，A-3（賃貸業）以外の8つの態様を生業として行う[10]ものをいう。

開発業者は開発した住宅等をみずから当事者となって継続反復して売却するため，宅地建物取引業に該当する（A-1）。建設業者も同様の業務を行えば，宅地建物取引業の免許を持つことが必要となる。

表3-4 宅地建物取引業と開発業

業者の立場 \ 取り引きの内容	1 売買	2 交換	3 貸借
A みずから	A-1 [開発業]	A-2	A-3 [賃貸業]
B 代理	B-1	B-2	B-3
C 媒介	C-1	C-2	C-3

注）図中，網かけ部分が宅地建物取引業に該当する。
・開発業は宅地建物取引業に該当し，賃貸業は該当しない。

4. まとめ

地震への対応はもとより，材料や構法などによる住宅の特徴を理解し，住宅を選択すること，さらに購入においては誰が何をする係なのかをよく理解することが重要である。

》注

1) 改正前の耐震基準を旧耐震設計基準ということがある。1981年（昭和56年）6月1日以前に建築確認を受けた建物は，既存不適格建築物（建築当時は適法であった建築物が法律改正により改正後の法律に合致しなくなった状態）となっている可能性がある。
2) 壁・柱・床・梁・屋根・階段をいう（建築基準法2条5号）。ただし，構造上重要でない最下階の床，間仕切り用の壁，間柱，つけ柱，局所的な小階段など

は主要構造部から除外される。
3) このほか，鉄骨鉄筋コンクリート造，コンクリートブロック造などもある。
4) 部材と部材の接合形式の1つで，外力を受けて骨組が変形しても部材の接合点の角度が変わらないような接合である。
5) 部屋の中に柱や梁が出ないため，効率的に家具などの配置が可能であるが，高さ15m，階数5階までに制限される。
6) 立木は土地の定着物で不動産であるが，立木法により独立の不動産として取り扱う場合を除き土地に吸収される。襖や障子，畳などは動産で建物とは別個の財産である。しかし，建物とは別に扱うとする特約がない限り，建物所有権の移転，抵当権の設定などの効果を受ける。
7) 建物を建てるために土地を借りる権利を借地権という（借地借家法2条）。使用借権はただで借りて使う権利である（民法593条）。
8) 土地をすでに所有している場合のほか，別途購入することもある。
9) ただし，政令で定める軽微な建設工事のみを請け負うことを営業とする者は，この限りでない。なお，「建設業」とは，元請け，下請けその他いかなる名義をもってするかを問わず，建設工事の完成を請け負う営業をいう。
10) 不特定多数を相手として継続反復して行うことをいう。

学習課題

1. レディメイドの住宅を安心して入手するためには，どのような点に留意すればよいだろうか。
2. 地震に強い建物とするための方法には，どのようなものが考えられるだろうか。

❀住まいを探すに関する判例❀ 　　　　　　　　　小川清一郎

　住まいを決める動機，目的と現実が食い違っており，トラブルになることが多い。例えば，XはYからマンションを購入したが，建築前のマンションを販売する際に販売代理人が二条城の眺望をセールスポイントとして説明し，買い主も眺望の良さを購入の動機として表示していたのに，実際には完成した建物からの眺望が隣接ビルによりほぼ遮られたという事案で，裁判所は「売り主が説明したところが，その後に完成したマンションの状況と一致せず，かつそのような状況があったとすれば，買い主において契約を締結しなかったと認められる場合には，買い主はマンションの売買契約を解除することもでき，この場合には売り主において，買い主が契約が有効であると信頼したことによる損害の賠償をすべき義務があると解すべきである」とした。（大阪高判平成11年9月17日判例タイムズ1051号286頁）

　小児喘息の子供の療養のため環境の良いところに家を建てたいと仲介業者に言って居宅用土地の仲介を依頼して土地を購入したが，その後，鉄筋コンクリート造の擁壁が宅地から至近に建築されたため，住環境が悪化した事案で，擁壁の建築計画を説明しなかったことについて，買い主の購入動機を知らなかった売り主の債務不履行責任は否定したが，買い主の購入目的・動機や購入決定までの事情を知っていた仲介業者には，「不動産購入の動機・目的は，不動産購入を決定する際の重要な要素であることは明らかであるから，仲介業者としては，それが売買の目的物に直接関係することではないとしても，これを知った以上はその動機・目的に反する結果を生じることがないように注意を払う仲介契約上の義務があるというべきである」として，仲介契約上の調査説明義務違反による債務不履行責任を認めた。（千葉地判平成14年1月10日判例時報1807号118頁）

4 | 住まい購入の契約をする

齊藤広子・小川清一郎

《**目標＆ポイント**》 太郎さんと花子さんは初めて家を買います。わからないことが多く不安です。契約に先立ち，「重要事項説明をします」と言われました。それはどんなものでしょう？ 説明を受けないといけないのでしょうか？ 住宅購入の契約に関する基本的なことを理解しましょう。
《**キーワード**》 売買契約，重要事項説明，瑕疵担保責任

1. 住まい購入の流れ

住まいを購入する場合の共通した流れとして，物件の調査，購入申し込み，重要事項説明，契約，引き渡し・登記がある。その内容を順に見ていこう。

(1) 物件の調査と広告

どんな住宅をどこにどのような予算で購入するのか。おおまかな住宅購入計画を立て，それに基づいて，購入する住宅を探し，検討する。こうした物件探しに大きな影響を与えるものとして広告がある。住宅購入をしようと考えている生活者にとって，どこにどんな住宅があるのか。その出会いの多くは広告によることが多い。そこで，住宅購入の意思決定に大きな影響を与える広告には規制がある。

具体的には宅地建物取引業法（宅建業法）では，宅地や建物の所在地や規模，形質，環境，利用の制限，交通その他の利便，販売代金の額と

支払方法などの広告表示について規制している。不当景品類及び不当表示防止法では、価格や取引条件についての表示の規制がある。実際のものよりも著しく有利、と購入者に誤解を与えるような表示は不正広告と見なされる。不動産業界で法律に基づいて自主規制をした不動産の表示に関する公正競争規約では、必要な表示事項、表示の基準、不当表示の禁止などを取り決めている。こうしたルールがあるにも関わらず、ルールを守らない広告も存在するために、どのような広告が禁止されているのか、また広告のルールを知ることが物件選択の重要な鍵となる。

表4-1　広告に関する規制

表示してはいけない	誇大広告や誤認期待の表現	「抜群・日本一」「最高・最高級」「特選・厳選」「格安・掘り出し物」等、優位な表現を裏付ける合理的な根拠なく使用したもの
	二重価格表示	「市価の3割引」等、実際に販売した実績がなく、根拠のない自社旧価格を比較対象としたもの
	おとり広告	売るつもりのない物件、売ることのできない物件、実際にありもしない物件を表示し、客をおびき寄せることだけを目的としたもの
必ず表示しなければならない	利用の制限	市街化調整区域、道路に適法に接していない土地、敷地が道路に接していない、高圧線下にある土地等、実質的に利用できる土地が小さくなる場合は、必ず表示しなければならない
表示の例	交通の利便性	「駅から徒歩○分」と書かれていた場合、徒歩1分を80mと計算する。ただし、信号待ちや歩道橋の上がり下がり、坂道などにかかる時間は含まれない。また大きな団地の売り出しの場合は、駅からもっとも近い宅地の位置で表示される

(2) 購入申し込み，重要事項説明

　購入する住宅が決まれば，住宅購入の申し込みをする。契約をする前に住宅購入者がこれを買って本当によいか，しっかりと物件を知ることが重要になる。そのために，不動産業者は住宅購入契約前に買い主に対して，住宅に関する重要な事柄を説明する義務がある。これを重要事項説明という。契約の後で，「こんなことを知っていたら，買わなかった！」というトラブルを防ぐためである。

　重要事項説明は，宅地または建物を取得しようとする者（売買の場合は買い主）または借りようとする者に対して，契約が成立する前に，不動産業者は宅地建物取引（宅建）主任者によって，書面（重要事項説明書）を交付して行うことになっている。その際に，説明されるべき内容は決まっている（表4-2）。こうしたルールは，不動産業者を取り締まる宅地建物取引業法で規定されている。

表4-2　重要事項説明の内容

宅地や建物に直接関係する	○登録された内容（名義人等） ○法令に基づく制限の概要 ○私道負担 ○供給施設・排水施設の整備状況
取引条件に関係する	○代金（金額） ○契約の解除に関する事項 ○損害賠償額の予定または違約金に関する事項 ○手付金などの保全措置の概要 ○ローン斡旋内容とローン不成立のときの措置
その他	○供託所に関する説明 ○供託所名とその所在地　など

（一部抜粋）

(3) 契約

　重要事項説明を受け，その内容を理解し，満足すれば契約となる。住宅の売買契約は，民法では諾成契約とされ，売り主と買い主の両当事者の合意で成立する。つまり，「売った」「買った」という言葉だけで法的には成立することになる。しかしそれでは，あとで問題になることが多いので，住宅の売買・賃貸などを生業とする人は宅地建物取引業法に従い，重要事項説明を行い，契約には売買契約書を作成することになる。つまり，生活者はきちんと売買契約書を受け取る必要がある。

　高額である住宅などの不動産の取り引きでは，他の商品の売買とは異なり，単なる合意のみで契約の成立を認めるのではなく，具体的に売買契約書を作成する，手付金を授受する，あるいはその両者が整う場合に，契約が成立したとして扱うことになる。

　また，不動産業者が関与する住宅売買の契約書には，法で記載が決められている必修の記載事項と，任意の記載事項があるため，必ず全てのことが契約書に自動的に記載されているわけではない。そこで，内容の確認をすることが必要である。

　契約時に手付金を払うことが慣習になっているが，不動産業者が売り主の場合は，手付金は売買代金総額の2割以内とされる。売買代金の10％（造成工事や建築工事が未完成の場合は5％）または1,000万円を超える手付金等（契約日以降，物件引き渡し前までに支払う手付金のほか中間金等を含む）を業者が受け取る場合は，保全措置を講じる必要がある。購入者は保証機関の発行した保証書を受け取ることになる。

　なお，契約時に住宅購入のための住宅ローンが確定しない場合には，住宅ローンに関する特約などの条件を付けて契約をする場合もある。

(4) 引き渡しと登記

住まいを購入する買い主は代金を売り主に支払い，領収書を受け取る。最終決済日には，所有権移転登記申請書を完備し，残工事や補修工事の有無を確認する。所有権移転登記手続が完了したら，登記済証（いわゆる権利証）を受け取り，登記簿謄本で内容を確認する[1]。

なお，住宅購入にかかる費用として，住宅や土地購入の売買代金だけでなく，売買に伴う諸費用，税金等の支払いも必要となる（第9章 p.119参照）。

2. 契約の解消

住まいの購入の契約を行っても，その後問題があれば契約を解消できる。法律の規定に基づいた解消方法にクーリングオフ制度がある。

(1) クーリングオフ制度

クーリングオフ制度を用いて，契約を解除できる場合は，売り主が宅建業者の場合で，テント張りや仮設小屋での販売，押しかけ訪問販売など，「事務所等」以外の場所で売買契約を締結した場合である。売買契約締結（クーリングオフの告知）の日から8日以内に限り，書面により無条件に契約の解除ができる。なお，物件の引き渡しを受け，かつその代金を全部支払ってしまった場合や，不動産業者の事務所等で契約した場合には，解除できない。

(2) 契約違反による解除

買い主が代金を支払ったにもかかわらず，売り主が物件の移転登記・引き渡しをしない場合は，売り主に履行を求める催告をしたうえで解除する旨を通知して契約を解除することができる。

(3) 消費者契約法による契約の取消

　消費者契約とは，消費者個人と事業者との間で締結される契約をいう。事業者から，重要事項について事実と異なることや不確実な事項について断定的判断を告げられる，あるいは故意に不利益となる事実が告げられず，買い主が誤認して行った契約の申し込みや意思表示は消費者契約法により取り消すことができる。事業者が買い主の住居などに訪問して契約を勧誘し，買い主が帰ってほしいと告げているのに退去しない場合や，勧誘を受けている場所から買い主を退去させないことによって，買い主が困惑して行った契約の申し込みや意思表示も，取り消すことができる。

(4) 瑕疵担保責任による解除

　宅地として買った土地に家が建たない，購入した住宅に隠れた瑕疵がある等で，契約をした目的が達成できない場合に限り，買い主は契約を解除できる。

　その他に，手付放棄による解除，話し合いによる契約の解除（合意解除）などがある。

3. 瑕疵担保責任とアフターサービス

(1) 瑕疵担保責任

　やっとの思いで購入した住宅。しかし，水漏れがひどい。とても正常には思えない。こうした場合には，瑕疵の疑いがある。瑕疵とは，土地建物として通常有すべき品質・性能に欠けるところがあるか，当事者が表示した品質・性能が備わっていないことで，当事者が予想していなかった物理的または法律的な欠陥のことである。買い主は隠れた瑕疵があった場合に，売り主に対して，損害賠償請求や契約解除を求めること

ができる。これを瑕疵担保という。

　売り主はこれに応じる責任があり，瑕疵担保責任という。民法では，売買契約上の瑕疵担保責任を問える期間を，買い主が隠れた瑕疵の事実を知ったときから1年以内と規定している。宅地建物取引業法では宅建業者がみずから売り主となる場合は，引き渡しから2年以上とする特約を付けることができ，そのため，瑕疵担保責任期間は引き渡しから「2

❶ 新築住宅の取得契約（請負／売買）において，基本構造部分（柱や梁など住宅の構造耐力上主要な部分，雨水の浸入を防止する部分）について10年間の瑕疵担保責任（修補責任等）が新築住宅の工事請負人や売り主に義務づけられる。

対象となる部分	新築住宅の基本構造部分　※基礎，柱，床，屋根等
請求できる内容	修補請求 賠償請求 解　　除　※売買契約の場合で修補不能な場合に限る。 （これらに反し住宅取得者に不利な特約は不可）
瑕疵担保期間	完成引渡しから10年間義務化（短縮の特約は不可）

【対象となる部分イメージ】　○木造（在来軸組工法）の戸建住宅の例

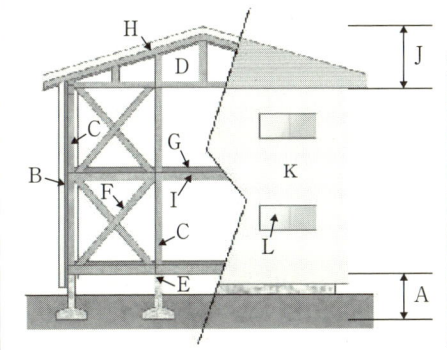

〈構造耐力上主要な部分〉

基　礎	A
壁	B
柱	C
小屋組	D
土　台	E
斜　材	F
床　版	G
屋根版	H
横架材	I

〈雨水の浸入を防止する部分〉

屋　根	J
外　壁	K
開口部	L

❷ 新築住宅の取得契約（請負／売買）において，基本構造部分以外も含めた瑕疵担保責任が，特約を結べば20年まで伸長可能になる。

図4-1　住宅の品質確保の促進等に関する法律の概要
（住宅性能評価・表示協会）
http://www.hyoukakyoukai.or.jp/

年」とするケースが多い。なお，実際には2年を超えてから発見されるケースも多く，新築住宅の場合は住宅の品質確保の促進等に関する法律（品確法）で瑕疵担保責任特例制度として，基本構造部分の瑕疵担保責任は引き渡しから10年間としている。また，売り主である宅建業者等の倒産等に備えて，住宅瑕疵担保履行法（特定住宅瑕疵担保責任の履行の確保等に関する法律）がある。

(2) アフターサービス

法とは別に，売り主がアフターサービスで補修を行うこともあるため，契約内容を十分に把握することが必要である。アフターサービスとは，売り主が売買契約に基づいて負う債務（契約に基づく義務）で，瑕疵を巡るトラブルを避け，売り主の信用確保と住宅購入者に安心感を与えるために設けられている。

4. 住まい購入をめぐる情報の非対称性による問題を予防する法制度

(1) 情報の非対称性[2]

広告の規制や重要事項説明等，生活者には面倒に見えるかもしれない。なぜ，そんな制度があるのか。それは，住宅は生活の拠点，生きる基本の場である。住まいである住宅に不安や問題があれば，生活そのものが不安定になる。しかし，実際に購入した住宅が，水漏れがする，傾いているなどの性能に問題がある場合，あるいは利用価値に見合った価格（市場価格）で取り引きされていないなどの問題がある。こうした問題は，生活の基本財である住宅を，市場を通じて手に入れることになるが，市場が正常に機能していないことが原因の1つとしてあるからである。つまり，住宅取引において情報の非対称性が存在している。

(2) 情報の非対称性による問題を予防する仕組み

わが国では住宅取引上の情報の非対称性による問題を予防するために，法による規制と誘導が行われている。

第一は，住宅購入の一次的な情報として広告に関する規制である。

第二は，重要事項説明の制度である。

第三には，住宅の性能に関する情報として，住宅の品質確保の促進等に関する法律（品確法）に基づく，住宅の品質の性能表示制度がある（任意制度）。新築住宅では住宅性能を10分野34項目をランクづけし，取り引き時に表示し，その内容を契約とする。

以上のように，住宅性能表示制度や宅建業法の改正により重要事項説明の項目を増加させ，住宅取引における情報の非対称性を埋める取り組みがある。

【住宅性能表示のイメージ】

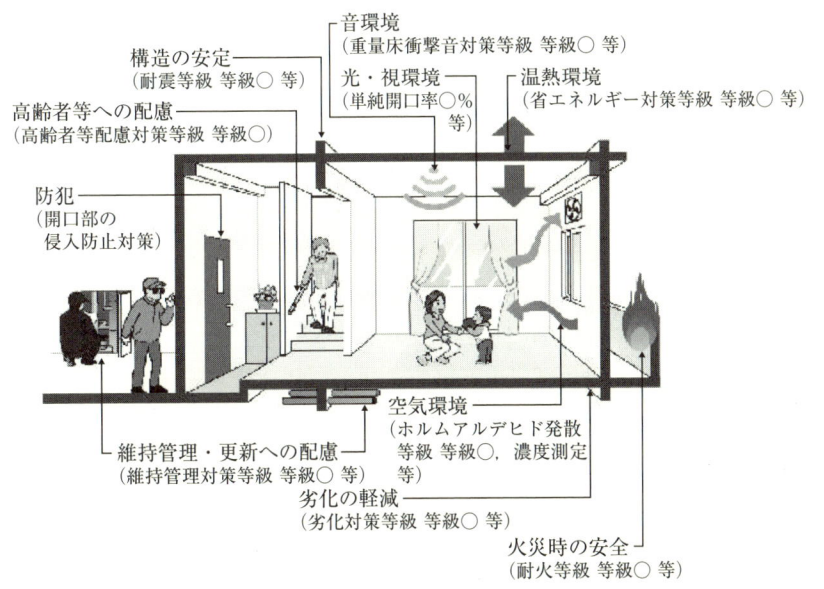

- 構造の安定（耐震等級 等級○ 等）
- 音環境（重量床衝撃音対策等級 等級○ 等）
- 光・視環境（単純開口率○% 等）
- 温熱環境（省エネルギー対策等級 等級○ 等）
- 高齢者等への配慮（高齢者等配慮対策等級 等級○）
- 防犯（開口部の侵入防止対策）
- 維持管理・更新への配慮（維持管理対策等級 等級○ 等）
- 空気環境（ホルムアルデヒド発散等級 等級○，濃度測定 等）
- 劣化の軽減（劣化対策等級 等級○ 等）
- 火災時の安全（耐火等級 等級○ 等）

図 4-2　住宅性能表示制度
（住宅性能評価・表示協会）
http://www.hyoukakyoukai.or.jp/

5. 諸外国の住宅取引制度と住宅情報

わが国の住宅取引制度は諸外国と比すると、住宅性能・住環境などに関する情報が少なく、情報を生成・蓄積・開示する専門家が少ないという課題がある。

(1) 購入時の情報とそのための専門家の役割

日本では、住宅を長もちさせ、市場で循環することが重要な課題であるが、住宅取引のうち、中古住宅の占める割合は約1割と少ない。その原因の1つとして、住宅取引時の情報が不十分で不確実なことがある。中古住宅取引の際に、通常では売り主側の不動産業者（立場は媒介）のみが立ち会う。諸外国に比べると、立ち会う専門家の数が大きく異なる。さらに、その際に重要事項説明書と契約書が、住宅売買における主な住まい購入の情報となる。内容は法的な規制に関することが多く、建物の傷み、修繕履歴などは通常含まれない。情報の量も諸外国と比べると大きく異なる。

①情報開示型

米国、英国、オーストリアでは、多数の専門家が取り引きに関与し、相互の専門家による質の高い情報が生成され、開示が行われる。情報開示型の例として米国を見ると、日本の重要事項説明のすべての情報が消費者に開示されるわけではない。日本の重要事項説明の内容は、専門家によって調査され、別の専門家によって確認される。よって消費者にはもっと生活に身近な情報が主に開示されることになる。

こうした体制の違いは、住宅購入に関与する専門家の違いでもある。米国[3]では売り主側と買い主側にそれぞれに不動産業者がいる。不動産業者とは別にエスクロー会社が契約に必要な書類の整備や取引に関連す

る金銭の授受と精算，登記を行う。買い主は建物検査員（インスペクター）に依頼し，建物検査を実施する。売り主は住宅について知っている全ての情報を開示する責任があり，物件情報開示書（TDS：Transfer Disclosure Statement）を買い主に不動産業者を通じて渡す。エスクロー会社は，業務の依頼を受けると，権原保険会社に依頼し，売り主が該当不動産を所有し，売却する権利があるのか等の調査・確認をし，報告を受ける。通常の住宅売買契約では，売り主は害虫調査（シロアリ駆除）とその証明書，自然災害情報宣言書や有害物質情報開示書，管理関係の書類や情報，ローン関係書類，固定資産税の支払い，家の機器類の保証書や説明書を提示する。なお，取り引きに関与する業者従業員は全員ブローカーまたはセールスパーソンの資格・免許が必要である[4]。

②**契約内容確定型**

「言った」「言わない」など，何を契約しているのか不明確なことから生じるトラブルを回避するために，ドイツ，フランス，イタリアでは，契約内容を明確にし，明文化することで，問題を予防する。この際の情報の確定作業は法律の専門家である公証人が実施する。公証人は大学で法律分野を学び，実務経験をもつ法律の専門家である。

(2) 日本に必要な法制度

日本で住宅ストックが増加する中で，生活者が安全で安心に住宅取引を行うには何が必要か。

①**維持管理のための情報ストックの義務化**

米国，フランスでは住宅の適正な維持管理の状態が市場で評価されるように，マンションの維持管理の履歴情報の生成・蓄積・開示を法で義務づけている。日本のマンションについては管理運営の記録は法で管理者責任となっているが，維持管理の履歴情報の蓄積・開示を義務づけて

おらず、開示が少ない。そのため、住宅所有者、管理組合の維持管理努力が市場で評価される仕組みとなっていない。適正な維持管理の推進には、履歴情報開示の蓄積・開示の義務化が必要である。

②**適正な維持管理と情報開示による取り引きを支える社会システム**

新築時の図面が行政に保管され、増改築の情報もストックされ、必要に応じて関係者は閲覧できるという、住宅の維持管理と流通のための行政の情報蓄積体制がわが国にはないが、既に民間の市場ベースでは始まっている。こうした動きを促進し、買い主みずからが情報を得ようとする消費者行動の啓発活動の実施、情報開示の促進体制が必要である。

6. まとめ

住宅購入のための契約にはルールがある。基本的には民法に基づくが、住宅という商品取引の特殊性を踏まえて、消費者保護の視点から、関わる業者や方法についての規制が法で決められている。こうした状況の中で住まいを購入しようとする生活者自身が、住まいに関する情報を収集し、法に基づいた契約内容になっているかも含め、情報を判断し、購入の意思決定をすることがますます重要になる。

》》注
1) 2004年（平成16年）の不動産登記法改正により原則として登記済証に代わり登記識別情報が通知されることになっている。
2) 売り主がもっている情報と買い主がもっている情報に大きな差があること。
3) 主にカリフォルニア州をみている。
4) 日本では従業員の5人に1人が資格を保持していればよい。

学習課題

1. 住宅の売買の広告を見てみよう。どんな情報が載っているだろうか。
2. 住宅の売買契約書や重要事項説明を見てみよう。どんな情報が記載されているだろうか。

✿住まい購入の契約に関する判例✿　　　　　　　　　　　小川清一郎

　住まいを購入する際に重要事項説明がなされるが，それが十分でない場合にトラブルとなる。XはYから中古住宅を購入した。購入に先立ち，XはYに対して近隣の環境について質問した折，西側隣人は子供の声などに過敏に反応し激しく苦情を述べる人物であり，近隣住民としばしばトラブルを起こしており，Yも子供がうるさいと怒鳴られたり，洗濯物に水をかけられたり泥を投げられたりしていたにもかかわらず，Yは「全く問題ありません」と回答している。しかし，西側隣人とのトラブルにより居住の用に耐えないことが判明した。XはYおよび仲介業者Zに対し，説明義務違反による損害賠償，予備的に契約の無効を主張して提訴した。裁判所は，錯誤による無効は否定したが，著しい迷惑行為を繰り返す隣人の存在について説明しなかったことを信義則上の義務違反として売主Yおよび仲介者Zに不法行為責任を認めた。（大阪高判平成16年12月2日判例タイムズ1189号275頁）。

　Xは，不動産業者Yから，9階建マンション1棟を購入したが，間もなく，約2年前に当該マンションから居住者Aが飛び降り自殺した事実があったことを知った。そこで，XはYに対し，Yが当該マンションで飛び降り自殺があったことを知っていたのに，同事実を告げず，さらに重要事項説明にも記載せず，本件不動産を売却したなどと主張して，慰謝料の支払を求めた。裁判所は，マンション売買における売主の説明義務に関し，マンションを販売したYは当該マンションで飛び降り自殺があったことを告知・説明すべき義務があることを認めた上で，その義務違反による損害は性質上損害額を立証することが極めて困難であるとして，慰謝料名目の損害賠償を命じた（東京地判平成20年4月28日判例タイムズ1275号329頁）。自殺物件などの心理的瑕疵をめぐる紛争ではその認定が難しい側面もある。

5 | 住まいを管理する

齊藤広子

《**目標&ポイント**》 太郎さんは,「管理組合の理事をよろしくお願いします」と言われました。でも,マンションの管理組合,理事が何か分かりません。「本当に僕でも務まるのか」と不安になってきました。マンションの所有方法,管理の基本的なことを理解しましょう。
《**キーワード**》 マンション,区分所有,管理組合

1. マンションの所有方法

マンションは区分所有する建物である。ゆえに,特別な管理の仕組みが必要となる。では,区分所有とは何だろうか。

(1) 専有部分と共用部分

区分所有とは,1つの建物を各号室ごとに区分して所有することである。各号室を専有部分といい,基本的には各区分所有者が利用し,管理をする。区分所有者の皆で使う廊下や階段,エレベーター,建物の外壁・屋上等は共用部分といい,皆で管理をする。ここは基本的には皆の共有である。なお,共用部分には法定共用部分と規約共用部分がある。法定共用部分とは,どのマンションでも必ず共用部分として取り扱われる部分である。共用の廊下や階段,エレベーター,建物の外壁等である。一方,規約共用部分とは,マンションごとに規約で定め,共用部分とするところである。例えば,管理員室や集会室などがある。

(2) 専有部分と共用部分と敷地利用権

　マンションは，専有部分と共用部分，いわば建物だけでは成り立たない。つまり，その敷地が必要である。

　「102号室を買った」という人は，102号室を買い，かつマンションの共用部分の持ち分，敷地利用権（敷地の所有権または借地権）の持ち分も買うことになる。専有部分と共用部分と敷地利用権は切り離せない。専有部分を売買すると，共用部分と敷地利用権が必ず付いてくる関係ができている。建物と敷地を別に処分することを難しくする，あるいはできないようにしているのが区分所有法（建物の区分所有等に関する法律）である。登記制度と連動しており，建物の所有の権利と敷地利用権の分離は原則起こらない。

　なぜ，そんな仕組みになっているのか。これは，わが国では土地（敷地）と建物が別個の不動産であり，ゆえに，通常は土地と建物が別個の登記が行われる。しかし，マンションでその方法が使われると，マンションが大型化すれば，土地と建物の登記簿が膨大になり，複雑になる。ゆえに，取り引きの安全などを考えて，マンションの場合は，専有部分と敷地利用権は原則として分離できないように区分所有法で定め，登記上では敷地利用権は専有部分の登記の表題部に示される方法がとられる。つまり，一体的に取り扱いがされる仕組みとなっているのである。

区分所有の仕組み（専有部分と共用部分）

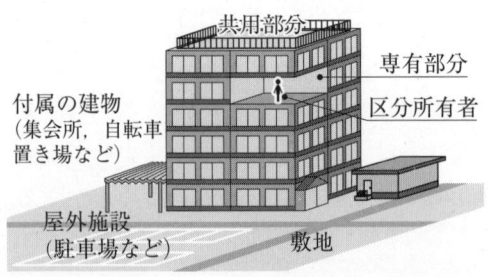

図5-1　マンションの専有部分，共用部分，敷地

2. マンション管理の仕組み

(1) 区分所有法と管理組合

マンションは，1つの建物であるがゆえに，各自が勝手な住まい方や，リフォームをすれば近隣に迷惑がかかる。また，共用部分の修繕の仕方やそのための費用負担等を決める必要がある。そこで，区分所有した建物の管理方法は，区分所有法に従うことになる。

各マンションでは，区分所有法とは別に独自にルールを定め，運営する。その基本となるのが，区分所有者全員で構成される「管理を行うための団体」である。102号室等の住戸を買った瞬間から自動的に団体の構成員となる。ゆえに，「私は入りたくない」「私はまだ署名していない」などの理由から拒否したりできない。建物所有者として，管理に参加する権利と義務を負うのである。

なお，通常，管理組合と呼ばれているものが，区分所有法第3条でいう「管理を行うための団体」である。

(2) マンション管理の進め方

管理組合の運営は，区分所有法をベースとし，管理規約，集会（総会），管理者を基本として進める。

表5-1　区分所有法における管理組合に関する規定

区分所有法第3条
第3条：区分所有者は全員で建物並びにその敷地及び附属施設の管理を行うための団体を構成し，この法律の定めるところにより，集会を開き，規約を定め，及び管理者をおくことができる
[解説]
上記の「管理を行うための団体」は，通常「管理組合」と呼ばれている。法的にはどのような名称でもよい。組合は区分所有者により構成される。マンションに住んでいない不在所有者も含まれる。

①**管理規約**

　マンション管理の基本は区分所有法であるが，区分所有法とはマンションだけを対象しているのではなく，ビル，倉庫，戸建て住宅地でも適用できる。また，2戸のマンションでも1,000戸のマンションでも同じ法律が適用される。そのため，細かいルールをこの法律で決めておけない。そこで使用や管理に関して区分所有の不動産全てに適用できるように，最低限のルールだけが法で決められる。では，このマンションでは「リフォームをする際にはこうしてください」「ペットを飼ってはいけません」「事務所にしないでください」「管理費と修繕積立金はこのように負担しましょう」というルールはどこで決めるのか。管理規約である。管理規約はマンション内の憲法ともいわれ，そこを買った人や住む人々の利用や管理の仕方のルールを決めたものである。

　しかし，管理規約で何でも決められるわけではない。区分所有法の規定に反する内容は無効となる。つまり，区分所有法の内容には集会の決議や規約をもっても変えることができない強行規定と，規約や集会で決められる「別の定め」の項目がある。区分所有法に書いていないことや，「区分所有法では大原則こうであるが，規約等で別の定めをしてもいいですよ」という項目は，規約で区分所有法の内容と別の内容にできる。なお，管理規約のモデルとして，マンション標準管理規約がある。

②**集会（総会）**

　マンションでは大事なことは区分所有者全員が集まる集会で方針を決める。その集会を総会という。総会で決まったことは管理規約に書いてあることと同じ効力をもつ。そのため総会には区分所有者は全員参加する権利をもち，議決権をもち，直接その決定に関わる。

　最低年1回は総会を開き，事業報告，会計報告をはじめ，次年度の事業計画・予算案を審議し，理事の交代などを決める。臨時に集まる必要

がある場合には，臨時総会を開く。集会での決議には，普通決議事項と特別決議事項がある。次年度の事業計画・予算案等は普通決議事項で，マンション管理の大きな方針，特に方針変更に関わること，例えば共用部分の変更，敷地や附属施設の変更，規約の改正，管理組合法人にする等は，特別決議事項になる。普通決議事項は過半数，特別決議事項は3/4以上の区分所有者と議決権の多数の賛成，建て替えは4/5以上の多数の賛成が必要である。なお，議決権は通常のマンションでは専有部分の床面積の割合に応じる。

③管理者

　管理者とは，各マンションの管理の最高責任者で，管理組合の代理人でもある。通常のマンションでは，管理組合で理事を選び，理事会をつくり，理事長がなっていることが多い。

　では，理事会とは何か。理事会は，総会で決めたことを，より具体的に進めるために相談をする，総会で審議する案をつくるなどを行う執行機関である。具体的には，収支決算案，事業報告案，収支予算案及び事業計画案づくり，規約の変更及び使用細則の制定，または変更・廃止案づくり，長期修繕計画の作成又は変更案づくり，専有部分のリフォームの承認などを行い，管理組合の舵を取る大切な機能がある。

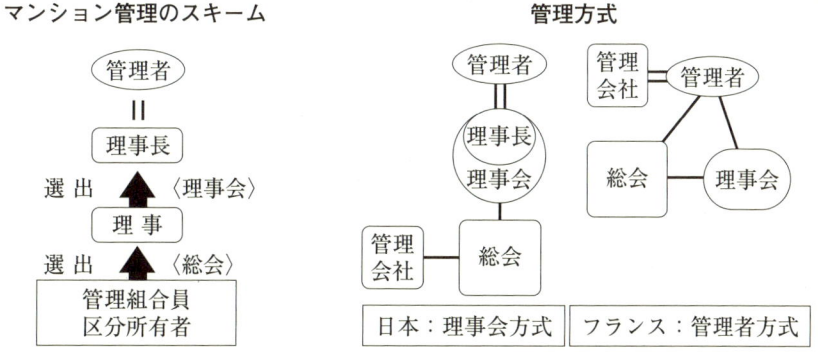

図5-2　マンション管理の仕組み

3. マンションの維持管理

(1) 長期修繕計画と計画修繕
①長期修繕計画と修繕積立金
　マンションという建物を長持ちさせるには，計画的な修繕が必要となる。特に，マンションの共用部分の修繕は区分所有者全員が協力し，費用を負担する。皆で納得し，費用負担するには，あらかじめ，いつどのような修繕を，どの程度の費用をかけて行うのか，目標像を共有し，そのために必要な費用を積み立て，準備する必要がある。ゆえに，長期修繕計画と，それを根拠とした修繕積立金は重要な意味をもつ。

②建物の劣化診断
　近年，分譲会社がマンションを長期修繕計画付きで販売することが多い。しかし，ある程度時期がくれば計画内容に見直しが必要である。それは計画どおりに建物が傷むとは限らず，そんなに修繕を急がなくてもよい場合，また，逆に計画よりも急いで修繕を行ったほうがよい場合もある。計画内容の見直しのためには，建物の傷みぐあいを診断することが，人間と同様に必要である。それを，建物の劣化診断，調査・診断，建物診断という。

(2) 大規模修繕の進め方
①修繕周期と大規模修繕
　建物の修繕すべきときは，その建物の建てられた状態，その後の経過によって異なる。しかし目安として3年～5年で廊下，階段，バルコニーの手すりなどの鉄部の塗装，9年～15年で外壁の塗装や屋上防水のやり直し，築20年を過ぎると，設備関係の工事等が必要である。外壁や屋上，設備の修繕等を大規模修繕と呼ぶ。

②**専門委員会〈取り組み体制づくり〉**

　マンションでは，毎年，理事会理事等の役員は交代するケースが多く，なかなか理事等の役員だけで大規模修繕に取むことは難しい。そのために，大規模修繕に取り組む体制を整える事が必要である。そこで，大規模修繕のための専門委員会を理事会の諮問機関としてつくる方法がある。

③**大規模修繕計画の作成**

　いつどのような修繕が必要なのか。建物の調査診断・居住者アンケート調査から修繕の必要な個所と程度を把握し，修繕計画をつくる。それを居住者に説明をし，基本設計をつくる。

　特に，マンションで大規模修繕を進めるには，区分所有者の情報の共有が必要である。大規模修繕には多額の資金が必要となる。そして，全員の協力が必要である。さらに，工事を行うには，各部屋への立ち入りや，ベランダに入って作業をするために洗濯物の干し方への注意，ベランダの物を動かすこと等も必要となる。全ての人の生活に影響を与え，全ての人の協力なしでは実現ができない。そのために，広報誌や説明会で，工事の進め方，内容を説明し，正しい理解を促すことが必要である。「勝手に決めた」等と言われないように，区分所有者の意見を聞き，意見が反映できる場と機会を積極的につくることが必要である。

④**大規模修繕の決議**

　大規模修繕実施には総会での決議が必要である。工事を進めるには工事内容の検討，金額の見積もり，工事実施方法，業者・施工者の選定が必要になる。通常の大規模修繕の決議は普通決議，つまり過半数の賛成を得て行うが，大規模な改善工事が伴う場合は，3/4以上の多数の賛成，特別決議が必要である。

⑤**工事実施方法**

　工事実施方法には，設計（責任）施工方式と設計監理方式がある。設計（責任）施工方式は，管理組合と施工会社が工事設計から施工までを一括し，契約する方式である。設計監理方式は，工事設計を施工会社から切り離して，設計事務所などの専門家に委託し，その上で施工会社が契約どおりに施工を行っているかの監督をする方式である。

⑥**実施と次回に向けて**

　工事が始まると，工事監理者と管理組合は定例会を開き，情報交流するとともに，居住者にも広報を通じて，工事の進み具合を知らせる。工事が終了すると，設計図書などを管理組合が引き取り，保管する。

(3) 向上型メンテナンス

　わが国では建物の維持管理は，修繕か建て替えかの2者選択の傾向が強かったが，欧米諸国では再生（リノベーション）方法がとられている。リノベーション（renovation）とは，古い建物を新たな使用に耐えられるように修繕，改造することである。

　マンションでも，大規模修繕の際の外壁の色の変更，共用部分の改装を行うなどがある。色の決定には，居住者が投票するなどで参加するなどがみられる。その他，高齢化に対応してスロープを付ける，階段に手すりを付ける，防犯カメラを設置する，簡単な風除けスクリーンを設置する，不法車進入禁止のロボットゲート，センサーライト，自転車盗難防止用のチェーンの設置，郵便受けの取り替えなどがある。さらに，規模が大きいのもとして，宅配ロッカーの設置，エレベーター新設・増設，駐輪機の設置，オートロックの設置，駐車場の増設（立体駐車場に），自転車置き場・バイク置き場の増設，管理員室の増設・新設，集会所の増築・増設，エレベーターの改修，衛星放送・CATV・共視聴ア

ンテナの設置，テニスコート増設，耐震補強，専有部分との関係では居室の増築やサッシの交換などがある。

なお，計画的に修繕を進め，専門家による適切な支援を受けているマンションでは，リノベーション行為が多い。

4. マンション管理を支える専門家

(1) 管理会社

マンション管理を支える専門家は，多様である。日常的に管理組合を支えている，管理会社から見てみよう。

管理会社の業務は，大きく分けて4つある。1つ目は，出納業務・会計業務・管理組合運営補助等の事務管理業務。2つ目は，管理員による受付や点検などの業務。3つ目は，廊下・階段，マンション玄関の清掃，植栽の手入れなどの清掃業務。4つ目は，エレベーターや受水槽等の設備の保守・点検といった建物・設備管理業務である。

管理組合が管理会社に何を委託するのかは管理委託契約書で明確に決めておくことが必要である。管理委託契約書のモデルとして，マンション標準管理委託契約書がある。契約締結または更新の際に，管理会社はマンション管理適正化法に基づいて契約の大事な事柄は書面で組合員全員に配付し，その内容を説明する。区分所有者は説明会に参加し，分からない点は質問し，理解することが大切になる。

説明会で，重要事項を説明するのは管理業務主任者である。この資格はマンション管理適正化法で創設された国家資格である。

(2) マンション管理適正化法

マンション管理適正化法（マンションの管理の適正化の推進に関する法律）は2000年に制定され，これにより，改めて管理組合，区分所有

者が主体となって管理することが法で位置づけられ，管理組合が主体的に管理するための支援体制が整備された。

わが国のマンション管理のあるべき姿を示す責任が国にある。国，地方公共団体は管理組合を支援することが必要である。さらに，マンションの管理を適正に行うためには，管理組合の運営，建物等の維持・修繕等に関する専門的知識が必要となる。しかしながら，管理組合の構成員であるマンションの区分所有者等はこれら専門的知識を十分に有していないことが多いことから，マンションの区分所有者等に対し，適正なアドバイスを行う専門家として，マンション管理士が国家資格として新たに創設された。

また，マンションを適正に管理するには，建物・施設等の長期修繕計画をあらかじめ作成し，これを的確に実施することが重要である。しかし，現実には，マンションの維持管理に必要な建物等に関する設計図書が分譲会社から交付されていない，あるいは設計図書が紛失した等があり，管理

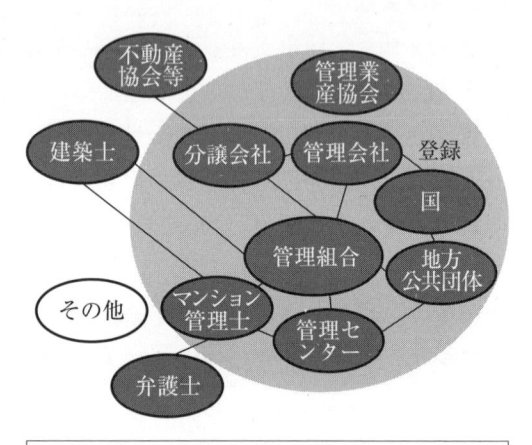

◎分譲会社から管理組合に引き継がれる図面等
1. 付近見取図
2. 配置図
3. 仕様書（仕上げ表を含む）
4. 各階平面図
5. 二面以上の立面図
6. 断面図又は矩計図
7. 基礎伏図
8. 各階床伏図
9. 小屋伏図
10. 構造詳細図
11. 構造計算書

図5-3　マンション管理適正化法のスキーム

組合が建物等の必要な情報を把握できず，計画修繕に支障をきたしている事例があった。そこで，分譲会社（宅地建物取引業者）が，みずから売主としてマンション（新たに建設された建物で人の居住の用に供したことがないものに限る）を分譲した場合においては，1年以内に管理組合の管理者等が選任されたときは，速やかに，当該管理者等に対し，当該建物またはその附属施設の設計に関する図書を交付する制度が整備された。

5. まとめ

　マンションの管理の基本的な仕組みを理解し，住宅購入前から，管理方法（規約の内容や修繕計画や積立金額等）を把握し，マンションの購入を決めることは重要になっている。管理の基本となる法は同じであるが，各マンションの管理方法は大きく異なっている。適正にマンションを維持管理しているのか，合理的で民主的な管理運営が行われているのか。内容を把握したうえで，購入の意思決定をすること，そのためにはマンションの管理情報の開示，それを判断できる生活者の力が今後ますます重要になる。

学習課題

1. マンションの販売の広告を見てみよう。管理に関するどんな情報が記載されているだろうか。

◎マンション管理に関する判例◎　　　　　　　　　　　小川清一郎

　マンションにおけるペット飼育を巡る紛争も多い。例えば，マンション管理組合Xが，「小鳥及び魚類以外の動物を飼育すること」を禁ずるという規定違反者一掃のため，既存の飼主に限り当該ペット一代限りの飼育のみを許容する旨の総会決議をしたが，それに反して新たに犬の飼育を始めたYに対して，飼育差止等を求めたという事案につき，裁判所は，Xのとった措置は合理的であるところ，Yは上記規定のみならず上記の事情を知りながら飼育を始めたのであり，かかる違反行為を放置していては規律を保つことができないことになるから，Xの本件請求は権利の濫用に当たらない，とした。(東京地判平成8年7月5日判例時報1585号43頁)

　マンションにおいて規則に反してペットを飼育している居住者Yに対して，管理組合Xがペットの飼育禁止を求めた事案で，裁判所は，マンションその他の集合住宅においては，居住者による動物の飼育によってしばしば住民間に深刻なトラブルが発生すること，他の居住者に迷惑がかからないように動物を飼育するためには，防音設備，防臭設備を整え，飼育方法について詳細なルールを設ける必要があることから，集合住宅において，規約により全面的に動物の飼育を禁止することはそれなりに合理性のあるものであり，ペット飼育禁止を定めた本件使用規則の制定に当たり手続上の瑕疵が認められない以上，X管理組合によるペットを飼育しているYらに対するペット飼育禁止請求が権利の濫用に当たるとまでいうことはできない，とした。(東京地裁平成10年1月29日判例タイムズ984号177頁)

6 | 住まいの環境を守る

阪本一郎

《**目標＆ポイント**》 太郎さんの所に友人の一郎さんが来ました。隣にマンションが建ち，日当たりが悪くなると言うのです。なぜそのようなことが起きてしまうのでしょうか。住まいの環境を守るための土地利用のルールを理解しましょう。
《**キーワード**》 土地利用のルール，用途地域，地区計画

1. 土地利用のルール

土地にどのような建物をつくることはできるのかはルールで決まっている。そのルールはなぜ必要なのか，そしてどのようなものなのかを考えてみよう。

(1) ルールの必要性

人が住む場所では，用途や建物形態など土地の利用に関するルールがある。特に都市の土地にはルールが多い。普通は自分の所有物をどのように利用し，扱っても自由であるが，土地に関しては所有者が自由に利用できるわけではなく，ルールに従わなければならない。ではなぜ，土地利用のルールが必要なのか。理由の一つは，土地利用が地区の環境を左右する重要な要素だということである。高層建物が周囲の日照に影響する例のように，土地の利用が近隣の土地の環境に影響を及ぼすことは容易に理解できる。したがって，よい環境を維持するには，近隣環境を悪くする土地利用が出現しないようにすることが，必要となる。

ではなぜ、よい環境の維持をルールに頼るのか。一つの土地の利用が他の土地の環境に影響を及ぼすとして、よい影響であれば他の土地に感謝されるだろうが、誰かが土地利用の費用の一部を負担してくれるわけではない。悪い影響の場合は嫌われるかもしれないが、法的に問題にならない範囲であれば迷惑料を支払わされることもない。このようなことを経済学では「土地利用の外部性」と呼んでいる。外部性がある場合、環境を悪化させる土地利用を出現させないためには、土地所有者の意思に頼っているだけでは不十分なので、ルールが必要となる。

土地の価値は、環境のよしあしによって左右される。よい環境を維持するルールを認めることは、土地所有者の利益となり、そのルールは他の土地所有者のために自身の土地にも受け入れなければならない。

よい影響はなるべく大きく、悪い影響はなるべく小さくすることが、都市全体の魅力にとっても重要であり、そのために土地利用のルールがある。

(2) さまざまなルール

日本の都市部で広く採用されているルールは、地域地区制と呼ばれるゾーニング（Zoning：地域制）が根拠になっている。ゾーニングは世界各地で採用されている方式で、都市を地域に区分して、区分された地域の中で可能な土地利用、あるいは禁止される土地利用を示し、地域にふさわしい土地利用を実現しようとするものである。その内容は公表にされているので、自分の土地や隣地にどのようなルールがあるかは市役所やインターネットで容易に調べることができる。ゾーニングの中で、もっとも根幹となるのは用途地域制であり、日本全体で $14,000 km^2$ を超す土地が12種類の用途地域区分（表12-2 p.169参照）のいずれかに指定されている。その種類と内容は、都市計画法及び建築基準法に定めら

れている。この用途地域区分に対応してさまざまなルールが定められており，市街地の大部分に指定されていることから，根幹となる制度とみなされている。

　一方，県や市の条例で定められるルールがあり，その代表的なものが地区計画である。指定面積は日本全体で用途地域のおよそ1割程度であるが，地区を限定して用途地域では不十分な点を補うルールである。

　なお，法で定められたルール，条例で定められたルール以外に，住民間で定めるルール，すなわち建築協定がある。これは関係住民全員で案をつくり，市町村の承認を得て正式なものになる。

(3) ルールの基本的な内容

　土地利用のルールを具体的に示そう。図6-1（p.80）は，用途地域区分の第一種低層住居専用地域に指定された土地でよく見られるルールを示したものである。

　まず用途の制限がある。図では，この用途地域区分で可能な用途の概略を示している。区分の名称に住居専用という文字がついているが，住居以外の用途も可能となっている。

　建物の密度について2種類の制限がある。建ぺい率制限は，建物が土地を覆う面積（建築面積と称する）の割合の上限を定めている。つまり建物に覆われない土地（敷地内の空き地）を確保するためのルールである。通常30％〜100％の範囲で定められている。容積率制限は，建物の床面積の合計（延べ面積と称する）が，土地面積の何倍まで認められるかを定めている。この制限値が小さいと建物の延べ面積の上限は小さくなるので，土地をなるべく活用したいという所有者には制限が厳しすぎると思われがちである。通常50％〜1,300％の範囲で定められている。都心に近づくにつれて制限値は大きくなる（緩くなる）傾向がある。

建物の高さについては，2タイプの制限がある。1つは高さの上限を定めるもので，低層住居専用地域では10mないし12mとされている。他の用途地域では，特別に定められた地区を除き，高さ上限は定められていない。したがって，低層住居専用地域に指定されていない限り，ある日，隣に高層ビルが建つという危険はある。2つ目のタイプは，敷地の端に近い場所ほど高さが制限されるというやや複雑なものであり，斜線制限（道路斜線制限，北側斜線制限，隣地斜線制限）と呼ばれている（図12-8 p.170参照）。また，隣地に過度の日陰をもたらす建物を制限する日影制限と称するものもある。いずれも，天空（空が見える割合）や日照を確保するためのルールである。ただし，どちらのルールも敷地が大きければ，新築時の制約にはなりにくい。

以上のほかに，建物の色彩や外形などデザインに関するルール，建物を敷地内のどこに建てるか（敷地境界線から外壁をどれだけ後退させるか）のルール，敷地面積の形状や大きさ（最低敷地面積）を制限するルールなどがあるが，いずれも一部の地域で採用されているにとどまり，一般には採用されていないことが多い。

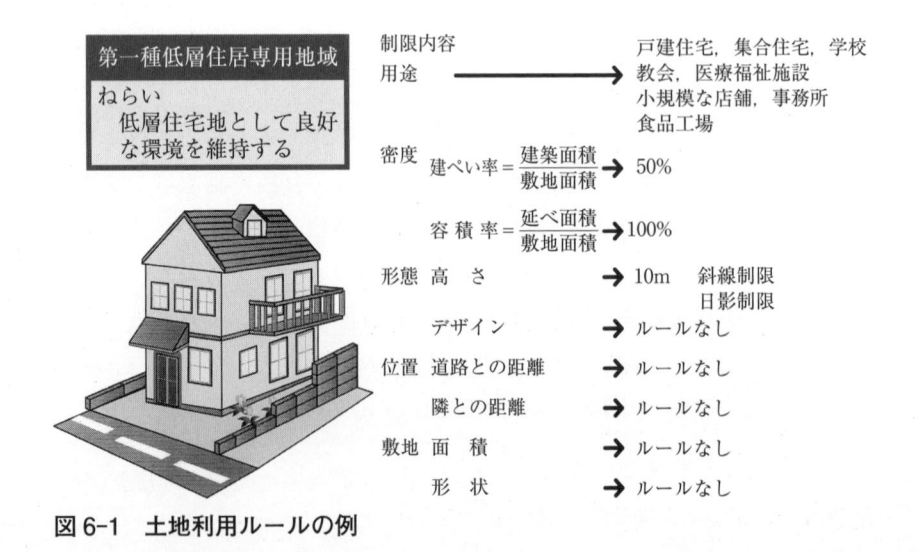

第一種低層住居専用地域	制限内容		
ねらい 低層住宅地として良好な環境を維持する	用途	→	戸建住宅，集合住宅，学校 教会，医療福祉施設 小規模な店舗，事務所 食品工場
	密度 建ぺい率＝建築面積/敷地面積	→	50%
	容積率＝延べ面積/敷地面積	→	100%
	形態 高さ	→	10m 斜線制限 日影制限
	デザイン	→	ルールなし
	位置 道路との距離	→	ルールなし
	隣との距離	→	ルールなし
	敷地 面積	→	ルールなし
	形状	→	ルールなし

図6-1 土地利用ルールの例

2. 環境とルール

ルールが守ろうとしている環境は何か，いい換えれば，環境を守るためにどのようなルールが必要かを考えてみよう。

(1) 人々の活動を棲み分けるためのルール

都市部では，人々は居住，販売，業務管理，製造などさまざまな活動のために土地を使っており，活動目的に応じた不動産のことを，住宅，店舗，事務所，工場などと呼んでいる。これらの用途は，周囲環境に対する要求が異なるため，近接しているとしばしば問題が生じる。例えば，住宅にとっては，近くに店舗や事務所があると人の出入りが多くて落ち着かない，夜間の照明が明るすぎる，路上にごみが捨てられる，などの不満が出る。しかし店舗にとっては，たくさんの来街者があり，賑やかで華やかな周囲環境が望ましい。近くに工場があると，騒音や振動，悪臭，大型車の出入りなどが嫌われるが，工場にとっては操業上やむを得ないこともあり，むしろそれらを容認する寛容な環境が望ましい。これら用途間に生ずる環境上の問題を軽減するには，用途ごとに棲み分けるのが有効であり，地域に応じた用途制限が一般に行われている。

同種の用途間ではおおむね期待される環境が維持されるが，異種の用途間ではしばしば期待する環境が異なることから，一つの地区を同種用途に限定する用途純化型のルールが考えられる。逆に単一用途の地区は街に活力と魅力がなくなるなどの理由で，用途混合を容認するルールもある。日本では，用途地域制がルールを定めているが，住居専用地区でも多様な用途を認めており，用途純化型とは言い難い。とはいえ，積極的に用途混合を進めているわけでもなく，歴史的経緯と社会情勢が反映されたものと見るべきであろう。用途地域制では戸建住宅地区に木造賃

貸住宅やマンションが建設されることを制限していないため，戸建て住宅地区としての環境を維持するには，地区計画など別のルールが必要である。

(2) 安全な環境を確保するためのルール

安全は人々の活動の必須要件であり，災害，犯罪，戦争などから都市を守るためにさまざまな営みが行われてきた。それらの危険の中で，日本の都市は，とりわけ火災との戦いに力を注いできたが，現在でも火災の危険が大きな地区は極めて多い。火災に強い市街地であるためには，①建物が燃えにくい（建物不燃化），②燃え広がりにくい（延焼防止），③逃げやすい・消しやすい（避難路・消火活動確保）の3条件が必要である。これら条件を確保するためのルールが必要となる。

建物不燃化に関しては，建物に燃えにくい構造を義務づけるルールが考えられる。日本では，防火地域及び準防火地域の指定が該当する。防火地域では原則として木造建物は禁止されており，準防火地域では大規模な木造建物は禁止される。通常，非木造建物は木造建物より建築費が高くなることもあって，防火地域の指定は商業地など人の集まる場所に限定されている。2008年の住宅土地統計調査によれば，東京大都市圏でもおよそ半分の世帯が木造住宅に住んでいる。

延焼防止に関しては，建物構造とともに，隣の建物との間隔（隣棟間隔）を確保することが重要である。隣棟間隔確保のためには，建物を建てる位置（敷地境界からの外壁後退距離）に関するルールが必要となる。もともと民法には，敷地境界から50cmの後退を義務づける規定があるが，市街地では，実態に合わないとして規定が適用されないことになった経緯がある。そこで，低層住居専用地域の一部，および地区計画で外壁後退を定めている地域がある。全体としてはルールがない地域が大部

分である。

　避難路確保に関しては，一方から火災が迫っても他方向に逃げることができるよう，二方向避難路の確保が重要な原則である。そのためには，建物が道路に面しており，その道路が一定の幅員を確保していることが少なくとも必要である。日本の都市計画を行う区域（都市計画区域，準都市計画区域）では，幅員 4m 以上の道路に 2m 以上接道している土地でないと建築はできないことになっている。つまり道路の最低幅員は 4m とみなされているのである。なお，古くからある 4m 未満の道路のうち行政が認定した道路（建築基準法 42 条 2 項に規定されているので 2 項道路と呼ばれている）に接する土地については，道路中心線から 2m 後退して建築することを認めている。避難上問題の狭い道路（狭隘道路）は多数存在しており，事実，東京大都市圏の住宅の 30％は，幅員 4m 以上の道路に接していない。さらに，二方向避難路の確保ができない袋小路の問題もある。

　全体として，火災に強い市街地の実現に関して，日本の土地利用ルールは十分とはいえないようである。

(3) 健康で快適な環境を維持するためのルール

　健康で快適な環境のためには，日照や天空の確保は重要である。これに関して，日本には前述の斜線制限や日影制限の制度があり，不十分な点もあるが国際的にみて進んでいるといえよう。

　風通し，圧迫感，プライバシー，植栽などと関係が深いのは，建物周りの空き地の存在である。日本では，建ぺい率制限によって，敷地内の空き地の面積割合の下限を定めている。空き地の敷地内での配置（外壁後退距離ルールなど）や，面積に関するルールがないのが一般的であるため，敷地面積が小さな市街地では，植栽可能な空き地すらなくなり，

建て込んだ密集市街地となってしまう。低層建物の多い日本では，床面確保のために建ぺい率制限を厳しく定めることが困難であったことも，密集市街地出現に関係している。とはいえ，居住環境と建ぺい率の関係は強く，建ぺい率制限は重要なルールであることは間違いない。

(4) 都市サービスを確保するためのルール

都市には受け入れ可能な人々の活動量の限界，すなわち容量がある。容量を決定するのは，主として基盤施設等の能力である。上水や電気ガスの供給能力，下水の処理能力，学校など公共施設の定員，鉄道や道路の輸送可能量や駐車場設置台数，情報通信能力などが容量である。地区の容量は個々の基盤施設ごとに異なり，容量を算定する地区の範囲も異なる。下水の容量は同系列の配管のエリアで決まり，鉄道の容量は沿線全域で算定される。算定すべき地区のなかに活動がどのように分布しているかは，問題にはならない。

人々の活動が容量を超えないようにする方法は2つある。その1つは基盤施設等の供給を増やして容量を大きくすることである。基盤施設の追加供給が困難な場合は，もう1つの方法である人々の活動量を制限することが必要になる。米国では，かつて上水供給が困難になるとの理由で新規住民登録を制限した市があった。ただし，基本的人権を損なうとの理由で裁判に負けため，市はその制度を撤回することになった。

人々の活動量を制限するために，世界で広く採用されているのが床面積の制限である。日本でも，土地面積当たりの延べ面積を制限する容積率制限によって，地域全体の床面積を制限しているのである。

(5) よい街並みを維持するためのルール

美しい街並み，個性的な街並み，親しんだ街並みは，地域の財産であ

る。よい街並みは，住んでいる人に街への愛着を持たせ，他地域の人に住みたいと思わせ，場合によっては観光資源ともなる。それは当然，不動産価値にも反映する。

　では，魅力的な街並みとはどのようなものか。街並みは，道の両側の建物の連なりによって構成されているが，魅力的といわれる街並みは，建物群に何らかの統一性をもつという共通点がある。統一されているのは，建物の様式であったり，高さであったり，外壁の位置であったり，さまざまである。全く同じ建物が並んでいる場合は画一的と嫌われるが，何らかの統一がよい街並みには必要だと考えられている。それを維持するためには，デザイン，高さ，外壁位置，建物や敷地の大きさなどに関するルールが必要となる。

　残念ながら日本では，低層住居専用地域での高さ制限を除けば，以上のルールが存在する地域は少ない。そのため，よい街並みの多くが現在も壊れつつある。地区計画や景観計画など，条例に基づくルールの必要性が高いといえるだろう。

3. ルールの決め方とルールの背後にある価値観

(1) ルールの決め方

　土地利用のルールは，個人財産である土地の使い方の制限，つまり土地所有権の制限を行うものであるから，その決め方は正当なものでなければならない。決め方の正当性は，誰が決めるのか，どのような手続きで決めるのか，に関わっている。

　1919年に成立した日本最初の都市計画法では，用途地域制が現在のものより簡素な形で定められているが，その決定権は大臣つまり国にあった。1968年の新都市計画法では，用途地域制など主要なルールは県が決定し，市町村は地区計画など一部のルールを決定することになっ

た。その後，地区計画など市町村決定ルールの重要性が増したことに加えて，地方分権一括法（地方分権の推進を図るための関係法律の整備等に関する法律，1999年公布）に基づいて地方分権が推進され，2012年からは用途地域制決定の市町村への移行がはじまり，ルール決定の主役を市町村が担うようになる。以前から欧米諸国では主要な土地利用ルールは市町村が決めるのが一般的であったが，形の上ではそれと似た状況になりつつあるといえよう。

ルールの決め方の正当性には，決定過程で住民がどれだけ関与するかが重要であるという認識が一般的である。都市計画法（1968年公布）で，ルールの案を住民に知らせること，案に対する意見を住民から聴くことの二大原則が示されている。現在では，案をつくる過程で住民の意見を聴く市町村が増えており，中には案づくりに住民が参加するケースもある。また，ルールの案を事業者や住民が提案することも制度的に保証されるようになった。自分の住む地区の環境を守るために，住民同士で地区計画を提案したり，市町村に働きかけたりする時代である。逆にいえば，自分の環境は自分で守る時代だともいえるだろう。

(2) ルールの背後にある価値観

ルール決定の手続きが類似している場合でも，実際に採用されている土地利用のルールは国によって相当に異なる。それは，ルールの背後にある社会と人々の価値観が異なるためである。これからの日本のルールを考えるうえで重要と思われるので，海外の例をあげて極めて簡単に触れておこう。

ヨーロッパの多くの国では歴史的市街地が現存しており，それを保全することを極めて重視している。したがって，新しい開発に対しては厳しい姿勢で臨み，従来の市街地景観を損なわないよう制限している。中

層の市街地が一般的であるため，高層ビルの建築はかなり制限され，デザインや外壁位置など街並み形成に関する要素は慎重にチェックされる。その一方で，古い建物を保全し，利用するために，日本のように用途に合わせて建て替えることを選択せず，建物に合わせて利用を工夫するやり方がとられる。1つの建物が住宅や事務所や店舗に使われるなど，用途の混在には寛容である。

　アメリカでは，郊外住宅地で，大型の敷地，外壁後退，用途の限定など極めて厳しいルールがある一方，都心部では2,000％を超える容積率制限の都市もあるほど制限の弱いルールが採用されている。これはいずれも資産価値を重視する考え方が背景にあるためと思われる。高度利用が可能な中心部では，土地を十分に活用できるので地価も高くなる。郊外には環境良好な戸建住宅地が多いが，そこは集合住宅や土地を分割した小規模な戸建て住宅が，環境水準を悪化させると考える人々が居住する地域でもある。その考えの背景には，所得や人種など異なる社会階層対する意識も存在するといわれている。したがって，そのような土地利用の出現は資産価値の低下を招くため，それを制限する厳しいルールがあると思われる。

　日本の土地利用ルールは，欧米と比べると土地所有権の制限が弱く，土地利用の自由度が高いという特徴をもっている。その背後には，既存の土地利用でルールに反するもの（既存不適格と称する）が極力無いように新しいルールを定めてきた経緯がある。土地所有者の強い反対が出ないよう，さまざまな利用を容認するルールとなったと考えられる。また土地利用の自由度が高いため，著しい経済成長に土地利用が対応しやすかったという側面もある。低成長社会を迎えた日本で，よい環境をいかに創り守るかが重要になったとすれば，土地利用のルールも見直していかねばならないだろう。

4. まとめ

　良好な地区環境は，住みやすさと資産価値をもたらしてくれる。生活者に求められるのは，自分の住んでいる地区について，どのような環境が大事かを考え，既存の土地利用ルールがその環境を守ってくれるかどうかを知ることである。ルールが不十分であれば，新しいルールづくりに積極的に関与することが可能な時代なのである。"自分たちの環境は自分たちで守る"が原則である。

学習課題

1. 市町村のホームページや都市計画図を用いて，自宅及び近隣の土地利用ルールを調べてみよう。隣にどんな建物が建つ可能性があるだろうか。
2. その土地利用ルールがいつ定められたか，近い将来に変更される予定があるかを調べてみよう。

❀住まいの環境に関する判例❀　　　　　　　　　　　　小川清一郎

　住まいの環境をめぐっては，建築の高さ，デザインなどでトラブルになることがある。法律上に基づいたルールが明確にない場合は，問題になりやすい。例えばマンションの高さについて問題となった国立マンション事件がある。東京都国立市のいわゆる大学通り南端に，訴外Ａ社が所有する本件土地があった。大学通り沿いの地域のうち，一橋大学より南に位置する地域は，大部分が第一種低層住居専用地域に指定され，建築物の高度が10mに規制されている。しかし，本件土地は，第二種中高層住居専用地域に指定されており，建築物の高度制限はなかった。この土地をＹが取得し，高さ43.65m地上14階建て，総戸数353戸に及ぶ大型高層の分譲マンション建設を計画した。これに対してＸが，建設行為の差し止め（建物完成後は高さ20mを超える部分の一部撤去）等を求めたのが本件である。

　裁判所は，景観利益を民法709条の「法律上保護される利益」と認めたが，建設の差し止めや損害賠償は認めなかった。違法性判断について，「被侵害利益である景観利益の性質と内容，当該景観の所在地の地域環境，侵害行為の態様，程度，侵害の経過などを総合的に考察して判断すべきである」として，景観利益の保護は「第一次的には，民主的手続により定められた行政法規や当該地域の条例等によってなされることが予定されている」として，そこから，「ある行為が景観利益に対する違法な侵害に当たるといえるためには，少なくとも，その侵害行為が刑罰法規や行政法規の規制に違反するものであったり，公序良俗違反や権利の濫用に該当するものであるなど，侵害行為の態様や程度の面において社会的に容認された行為としての相当性を欠くことが求められる」とした。（最判平成18年3月30日民集60巻3号214頁）

7 | 住まいと環境をつくる

阪本一郎

《**目標&ポイント**》 太郎さんと花子さんは，街歩きが大好きです。東京の恵比寿ガーデンプレイスや東京ミッドタウンに住むのはどんな人なのだろう，家が建て込んで迷路のような地区を歩くのはちょっとスリルがあって面白いけれど，このままだと火事が怖い，などいろいろな感想を持ちます。ここでは，人が住む場所をどのように選んでいるか，街の開発・再開発はどのように進められるかを学びましょう。
《**キーワード**》 居住地選択，再開発，土地区画整理事業

1. 新開発から再開発へ

　都市は変化している。その変化をもたらす重要な要素が再開発である。再開発は，人が住む場所や活動する場所を変えてきたことと密接に関係している。まず，人はどのように住む場所を決めているのかを考えてみよう。

(1) 居住地の変化

　都市に住もうとする人は，地区の環境やイメージなどさまざまの要因を考慮して自分の住む場所を選ぶ。場所選びの中で代表的なものは，都心から離れた郊外に住むか，都心近くに住むかの選択であろう。20世紀は，明らかに郊外選択が優勢な時代であった。それも，より遠くの郊外が次々に住宅地になっていった時代である。東京では郊外住宅地は都心60km圏に達した。これは世界中の都市で見られた現象で，都市の郊

外化と呼ばれている。郊外開発，遠距離通勤の用語がその時代を象徴している。郊外化は，都市人口の増加がもたらした側面はあるが，人口が減少した都市でも同様に観察されている。どの都市でも共通に観察されたのは，都心の人口の減少と，遠隔郊外ほど人口増加率が高くなることである。都市は密度を下げながら薄く広く引き伸ばされたのである。この現象を「都市の拡散化」と呼ぶ。都市の拡散化は，人々がより遠くの居住地を選んだ結果である。

21世紀（正確には20世紀末の数年間も含む）に入ると様相は一変する。郊外より都心近くを選ぶ人が増加する。都心回帰と呼ばれる現象である。都心に高層マンションの建設が進み，その一方で，郊外住宅地開発は買い手を見つけるのが難しくなる。

産業革命以降，農村から都市への人口移動が続いたが，この都市化の時代以降，郊外化，拡散化，都心回帰と，都市の居住地は大きく変化してきたのである。

(2) 社会の変化と居住地の選択

人々の居住地選択はなぜこのように変化するのか。どのような社会の変化が都市拡散化をもたらし，都心回帰をもたらすのか。これを考えるための基礎的な考え方を学んでおこう。

住宅が立地する場所を論理的に説明する住宅立地論という学問分野がある。同様に，工業立地論や商業立地論もある。これらのエッセンスは移動の「機会費用」という用語にある。例えば，大学生が遊園地に行く状況を考えてみよう。この学生が支払った費用は，入園料だけではない。遊園地に行くためにアルバイトを休まねばならなかったことや，宿題をする時間がなくなってしまうこと，つまり遊園地で費やした時間の価値も支払っているのである。このように，何かする時の費用は，それを選

択しなければ得られたはずの利益（逸失利益）も含めて考えるというのが，機会費用の考え方である。移動の機会費用とは，交通費だけでなく，移動に要する時間の価値も考えようということである。

都心に働く人が住宅地を決める時に重要な要素は，通勤である。通勤の機会費用を次式で示す。

通勤の機会費用＝時間価値×移動時間＋交通費＋その他費用　〈7-1〉式

時間価値は自分の自由な時間の価値に値段をつけたもの，移動時間は通勤の往復時間，交通費は会社支給の場合は0である。通勤の機会費用は，その大部分が時間価値と移動時間によって構成されていることが理解されるであろう。もし何らかの事情により通勤の機会費用が増加する場合には，移動時間を減らすためにより都心に近い住宅を選ぶ人が増えるであろうし，通勤の機会費用が減少する場合には，より遠い住宅を選ぶ人が増えるだろう。そこで，〈7-1〉式を用いて，社会の変化が居住地選択にどのような影響をもたらすかを検討しよう。

大都市圏では，郊外鉄道の路線延長と高速化が著しかった。これは距離が同じでも移動時間を減らすことになるため，通勤の機会費用は減少し，より遠隔地の居住者を増やすことになる。東京は，世界でも有数の郊外鉄道網を整備してきた結果，世界最大の都市圏をもつことになった。徒歩に依存していた江戸時代，江戸の町は極めてコンパクトで超高密都市であったのは，距離当たりの移動時間が大きく，機会費用が高かったためである。

余暇社会といわれて久しいが，週休二日制の浸透，祭日増加，残業の減少などが個人の自由時間を増やした。効用逓減の法則（量を多く消費するほど，ひとつあたりの効用は低下するという法則で，大部分のものに当てはまる）は時間にも当てはまる。個人の自由時間が増えた結果，1時間当たりの時間価値は低下する。通勤時間が長くなることを受け入

れやすくなる。余暇社会は、〈7-1〉式の時間価値を減少させ、通勤の機会費用を減少させる結果、より遠隔地の居住者を増やすことになる。

　以前は、年金や税制を議論するときの標準的な世帯は、通勤する夫、専業主婦、子ども2人で構成されていた。近年は、共働きの一般化、晩婚化や非婚化が進み、世帯構成は大きく変化している。そして、共働き世帯や単身世帯は、1日24時間のもち時間から、会社での勤務時間、睡眠などの生理的必要時間を差し引いた残りの時間で、家事や通勤を賄うことになるから、専業主婦のいる世帯に比べて自由時間が少ない。効用逓減の法則を持ち出すまでもなく、自由時間は貴重になる。つまり、時間価値が増加し、通勤の機会費用が増加するので、都心に近い居住者を増やすことになる。

　さらに居住地選択に関して別の要因もある。地価は上昇し続けるという土地神話の時代には、住宅を選ぶときに資産として建物部分より土地部分の割合が大きな戸建て住宅（マンションは1戸当たりの土地面積が小さい）を望む世帯が多く、その結果遠隔郊外の居住者が増えた。しかし、バブル崩壊は土地神話も崩壊させ、住宅の選択は通勤時間も含めた居住性の評価によることになり、都心に近い居住者を増やすことになった。これ以外にも、少子高齢化、人口減少、雇用の不安定化など、郊外居住を減らす要因はいろいろ考えられる。人々がどの居住地を選ぶかによって、不動産価格は変わり、求められる開発も変わり、そして地域の環境づくりも変わる。都市政策、不動産ビジネス、個人の資産形成に大変大きな影響をもたらすのである。

(3) 求められる再開発

　20世紀は郊外開発の時代であるから、新開発が中心であり、都市計画の中心的課題は、農地や林地の宅地化を進めるにあたっての基盤整備

であった。しかし21世紀は郊外住宅需要が減り，都心住宅需要が増える時代となったため，都市内での住宅供給や環境改善が重要な課題になる。つまり，新開発から再開発へと重点が変化したことになる。

日本の再開発は，大火を繰り返した経験から都市不燃化を中心テーマとして明治初期よりスタートしている。そして沿道の不燃化，地区の不燃化というように，線から面への不燃化の流れがあった。一方，道路や公園など基盤施設の整備を図る目的の再開発も登場し，その中で土地区画整理事業の制度が生まれた。以上の，不燃化と公共施設整備の2つの流れが合流して，都市再開発法（1969年公布）が誕生し，その中で，市街地再開発事業が制度化されたのである。この市街地再開発事業は，わが国の都市再開発の中心的な役割を担うものとみなされている。欧米の再開発が，インナーシティ問題（都市中心部での衰退地域の発生）などスラム地区の一掃を図るスラムクリアランス（スラム地区を全面的に取り壊して環境のよい住宅や商業地区を生み出す方法）を出発点としてその後，衰退地区居住者の職業訓練など社会政策的色彩を濃厚にしている。これに対して日本の再開発は，都市不燃化と公共施設整備を原点としており，物的環境改善が強調されている。なお，日本版のスラムクリアランス型再開発ともいえる住宅地区改良法（1960年公布）も制定されるが，建物の取り壊し命令を含むこの強力な制度の適用はかなり慎重に限定されており，少しずつ老朽建物と環境を改善する事業が中心になっている。

21世紀の新しい状況は，問題解決型の再開発に加えて，魅力創造型の再開発を求めている。商業業務地では都市の国際競争力を高めるために魅力的な建物と空間の創造，そして都心回帰現象に対応して良好な居住環境を持つ都心住宅の供給が進められている。また，両者を共存させる都市複合開発（MXD：Mixed Use Development）もある。都心地域

全体の魅力向上が再開発のテーマといえるだろう。

　再開発にはさまざまなタイプがある。単なる建て替えも再開発であるし，用地を取得した民間企業によるビル建設も再開発である。しかし，複数の権利者の調整を伴うもの，地域の性格を変える大規模なもの，基盤施設整備を伴うものなど，容易には進められない再開発がある。このような再開発は，通常のビル建設とは異なる難しさがあり，市町村や県の支援によってはじめて実現できるものが多い。次節ではそのような支援を伴う再開発の制度について代表的なものを紹介しながら，再開発について考えることにしよう。

2. 地区を全面的につくりかえる再開発

(1) 土地区画整理事業

　土地区画整理事業は，再開発というよりは新開発の事業制度と一般にみなされている。確かに，郊外の基盤整備を進めるためにきわめて多く用いられてきた制度であり，日本では20世紀の後半だけで，10,200地区，計39万haの施行が完了している。これは日本の国土面積の1％，市街地面積の1/3に相当する。日本の宅地開発の中心的制度といってよいだろう。しかし，関東地震（関東大震災）の震災復興，第二次世界大戦後の空襲で焼け野原になった都市の戦災復興，また兵庫県南部地震（阪神・淡路大震災）後の震災復興で大きな役割を果たし，東京・秋葉原の旧東京中央卸売市場跡地の再開発にも用いられている。近年は密集市街地の改善にも用いられている。再開発の方法として欠かすことはできない。

　事業の要点を図7-1（p.96）に従って説明しよう。
①土地所有者たちが組合をつくる（○○土地区画整理事業組合）
　組合施行に対して市施行など事業者が行う方法もある

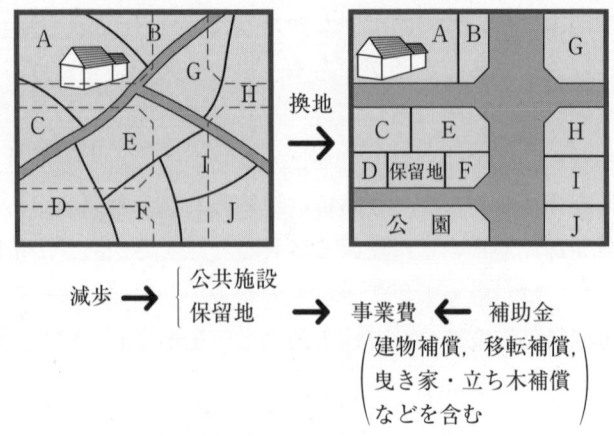

図 7-1　土地区画整理事業の概要
（政府文書を参考に著者が作成）

②区画整理されたプランをつくる（換地設計）
③各所有者の土地は位置や形状が変化する（換地）
④各所有者の土地は面積が減少する（減歩）
⑤減歩された土地を集めて事業に使用する
　＊道路や公園などの公共用地に使用する
　＊事業費用に充当するための売却用地（保留地）とする
　　（　）内はこの事業固有の用語である

　土地区画整理事業が極めて多く用いられてきたのは，その仕組みに以下のような優れた点があるからである。
①基盤施設が整備された優良な宅地が出現する
②基盤施設整備事業の費用は主に減歩で負担し，県や市町村は高額の費用負担を免れる
③土地所有者も利益を得る（損をしない）
　土地所有者は減歩で土地面積を減らすが，区画整理によって地区環境

が改善され，地価が上昇することで損をしない仕組みになっている。しかし，減歩を補うほど地価が上昇しない場合や，保留地が売れず事業資金が回収できない場合は，土地所有者に損失をもたらす場合もある。また，すでに市街化している土地では，建物補償費用や移転費用など事業費がかさみ，事業が成立しない場合も多い。

　この土地区画整理事業の弱点をカバーしているのが，市街地再開発事業である。

(2) 市街地再開発事業

　土地区画整理事業が基本的に平面の換地によっているため，高密市街地では適用困難な弱点を補うのが市街地再開発事業である。この制度の特徴は，土地の権利を建物の床の権利（及び床に対応する土地の持ち分）に移すこと（権利変換）によって事業を可能にするところにある。もともと不燃化の流れを汲んでいるため対象地区の耐火建築物の割合が1/3以下という適用条件をもっているなどの相違はあるが，基本的な考え方は土地区画整理事業と同じである。事業費は保留地売却ではなく保留床（ほりゅうしょう）売却によって賄われる。事業は，権利者が組合をつくって実施する第1種市街地再開発事業に対して，公共団体等が事業を行う第2種事業があり，こちらは用地買収によって事業を進める管理処分方式という方式を用いているが，事業後の残留を希望する権利者については権利変換方式と同様の扱いとなる。再開発の社会的利益を認めて，補助金，低利融資，税の減免といった資金助成も行われている。

　この事業は，保留床の購入者（大型店など）が確保できずに難航することもある。しかし事業推進上の最大の難点は，土地区画整理事業と同様に，多数の権利者の同意をとることの難しさである。多くの市街地再開発事業が計画から実現まで極めて長い年月を要している。市街地再開

発事業として行われた東京・六本木ヒルズの建設には17年を要したが，その年月の大部分は合意形成に費やされているのである。

　土地区画整理事業や市街地再開発事業は事業推進に難点を抱えつつも，完成すればその効果は大きい。事業推進には，複雑な権利関係の調整，住民の生活保障，土地の境界確定，開発資金の調達，リスク対応，社会的利益の追求など，不動産の総合的知識の蓄積が必要である。同時に環境改善に対する住民の積極的関与が必要である。権利者としての関与に加えて，都市計画の決定手続きで保障された住民参加の機会の利用も考えられる。

(3) 誘導型の再開発

　社会に必要な開発には，土地区画整理事業や市街地再開発事業以外にも行政の支援がある。補助金などの資金的な支援以外に，土地利用のルールを変更して再開発が進みやすい環境をつくり出す規制緩和型の制度がある。規制緩和の中でもとりわけ効果が大きいのは，容積率制限の緩和である。

　日本で最初に導入された容積率制限緩和型の開発誘導制度は，特定街区である。この制度は，開発地区内に誰もが利用できるオープンスペースを確保すれば容積率制限を緩和するものであり，私有地の公共的利用を促進する制度である。類似の制度はアメリカに前例がある。その後，目的とする社会的利益を当初のオープンスペース（制度上は有効空地と称する）創出にとどめず，歴史的建造物の保存や都市機能更新など適用対象を拡大させてきた。また単なる容積率制限緩和だけでなく，道路を越えての容積移転や形態規制の全般的な緩和も可能な強力な制度である。東京・新宿駅西口の超高層ビル街など，この制度を用いた大規模開発は多い。東京都中央区の聖路加国際病院の再開発では，歴史的建造物

である聖ルカ礼拝堂を残し，その街区での未使用容積分は道路を越えた街区に移転している。指定容積率400％に特定街区の緩和分190％を加えた値が3街区からなる開発地区の容積率上限であり，さらに容積移転によって隅田川沿いの街区は1,170％の開発を実現している。

　特定街区と類似したものとして総合設計制度がある。制度の適用要件を緩和し，都市計画審議会など一連の法定都市計画の手続きを不要とした。またこの制度には，都心部で住宅供給を伴うものには容積規制緩和をさらに大きくする市街地住宅総合設計制度などのヴァリエーションがあり，恵比寿ガーデンプレイスではこの制度を用いて80,000m^2の床面積を増やしている。このため特定街区に比べて総合設計を用いた開発は相当な件数にのぼっている。このほかにも，都市中心部の再開発を促進するための高度利用地区，都市住宅を供給する目的の用途別容積型地区計画，低・未利用地の高度利用を図る再開発地区計画，市街化区域内農地のスプロール的開発[1]を防止し計画的開発を促進する住宅地高度利用地区計画など，多数の容積率制限緩和を誘因とする手法が制度化されてきた。

　21世紀になって，都心部の再開発に大きな影響を与える制度が登場した。都市再生特別措置法（2002年公布）である。上海，香港，シンガポールなど，アジアの大都市が成長し，地位が低下しつつある日本の大都市の国際競争力を高めるため，積極的に再開発を誘導する強力な仕組みが用意された制度である。都市再生緊急整備地域に指定された地域（2011年末の段階で全国65地域6,810ha，東京8地域2,514ha）では，補助金等に加えて大幅な土地利用ルールの緩和が可能である。例えば，東京駅・有楽町駅周辺地区の再開発においては，多数の開発が容積率制限等の緩和を受けて，従来不可能だった高容積の建物を建設している。容積率が1,700％を超えている例もある。他にも，新橋・赤坂・六本木地区，

秋葉原・神田地区，新宿駅周辺地区，渋谷駅周辺地区など，都内有数の地域がこの指定を受けて再開発を進めており，地域の姿が大きく変わりつつある。本章冒頭に挙げた東京ミッドタウンも，この制度を利用している。

　未使用の容積を活用して，歴史的建造物の保存を図る仕組みがある。歴史的建造物など社会的財産を保存するには，自治体などがそれを買い取って公共の所有とするか，規制によって所有者に保存を義務づける方法が一般に採用されている。前者の難点は，財政能力の範囲内でしか買い取れないことであり，高価なものほど保存が困難になる。後者の難点は，一個人の負担で社会的財産の保存を行うという点で，社会的公正さに欠けることである。アメリカで採用されているTDR（Transfer of Development Rights：開発権の移転／あるいはTransferable Development Rights：移転可能な開発権）は，この問題点を解消する制度であり，個人が使用できる敷地上の容積を開発権ととらえ，未使用の開発権を他の場所に売却することで歴史的建造物を保存する仕組みになっている（図7-2）。

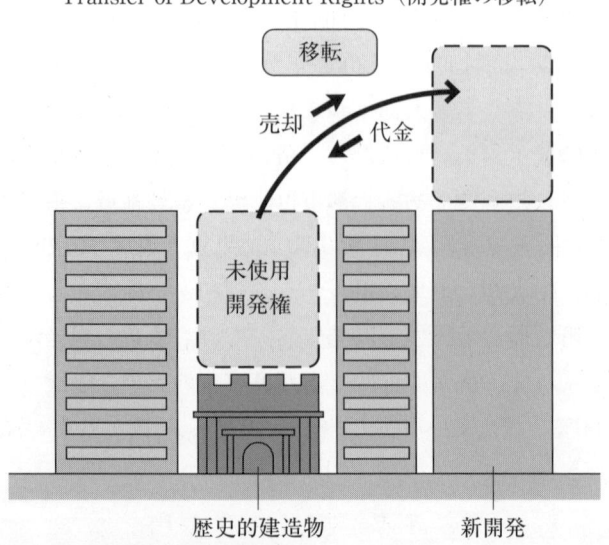

図7-2　開発権の移転制度

指定容積（容積率制限の下で建設可能な延べ面積）と現況の容積（歴史的建造物の容積）の差を周囲に売ることができれば，所有者の一方的負担なしに，そして自治体の財政支出なしに歴史的建造物を保存できるというわけである。この容積を買った土地では指定容積に購入分の容積を加えた建物をつくることになるが，地域全体として容積は一定に保たれており，基盤施設の容量を越すことはないとみなされる。ただしこの制度には論点も多く，制度創設のアメリカにおいても，サンフランシスコ市のように制度を廃止した市もあれば，ロサンゼルス市のように制度を活用している市もある。日本では，特例容積率適用区域という名称でTDRが導入され，東京駅の保存が適用第1号となった。東京駅の例では，JR東日本は東京駅の未使用容積を，新丸ビルなど周囲の複数の開発に移転し，売却代金を得ている。

開発誘導は市場では成立しない開発を実行させるものであるから，不適切な誘導をすれば，社会に非効率をもたらすこともあり得る。容積率制限の緩和が大幅に行われると，都市の基盤施設の容量を超えることもあり，広域的なチェックが必要であることはいうまでもない。

3. 密集市街地の環境改善

(1) 密集市街地

再開発には，大型のビル建設や新しい機能を導入する華やかなものがある一方で，基盤施設が不十分で環境の悪い地区の再生を図ろうとするものもある。日本の都市では，密集市街地の改善が大きなテーマとなっている。本節ではこのことを考えてみよう。

密集市街地は多くの都市にある。その特徴は，細街路（狭隘道路），狭小宅地・裏宅地，そして老朽建物の存在である。災害時の危険が大きく，生活環境の快適さに難があるばかりでなく，建物の建て替えが困難

であることから地域の活力低下もいわれている。このような地区は，生活感が濃厚で，住民同士のつながりも強い場合が多いので，問題と魅力を抱えた地区ともいえる。

　密集市街地は，都市の内部にも郊外にも存在するが，東京23区の場合でいえば，山手線の沿線やその外側の地域に多く分布している。江戸時代の市街地が明治以降に拡大する過程で，道路など基盤施設が不十分なまま市街化してしまった地域である。

　これらの地域の環境改善は長期間の課題であったが，いまだに改善されない地域が大部分で，再開発の中でも実現がとりわけ難しいものといえるだろう。

　前節で取り上げた土地区画整理事業は，減歩が困難な小規模敷地が多数を占めること，権利者が多いこと，移転補償など事業費がかさむこと，地価の上昇が減歩を補うほど期待しにくいことなどから，密集市街地の環境改善には使いにくい制度である。ただし，従来，土地区画整理事業の対象とは考えられなかった小規模の市街地整備を目的としたタイプの制度も登場し，東京・目黒4丁目土地区画整理事業のように地権者2人，事業面積2,000m^{2}という超ミニ事業も行われている。千葉県浦安市の密集市街地改善に実際に使われた例もある。

　土地区画整理事業や市街地再開発事業は，対象地区内で同時に事業を進める一括更新型でもある。一斉に事業を行うためには，地区内居住者など関係者が同一歩調でこれに取り組むことが必要である。しかし，直ちに再開発に参加できない事情を持つ者もいる。個々の事情を無視して一斉に事業を進めなければならないとすると，計画自体が成立しないケースも多くなる。このような一括更新型では進められない地区の改善を行うために，可能なところから事業を進める改善型の再開発が必要となる。

(2) 改善型再開発による密集市街地の環境改善

　密集市街地に共通する整備課題は，建物の改良・不燃化，狭隘道路の拡幅，そして敷地規模の拡大である。期待される水準は，住居系の地域であれば，せいぜい道路幅員が 6m 程度で敷地規模が $100m^2$〜$200m^2$ 程度であろう。壁面を道路中心線から 3m 後退させ，2 ないし 3 敷地の統合が図れれば達成できる水準である。これらを少しずつ実現していこうとするのが改善型の再開発である。全面更新型のように華々しい成果は期待できないが，事業の進行に従って環境改善が図られるとともに，従来の居住者が引き続き居住し，地区の性格が継承されるという優れた特徴を持っている。

　密集市街地の課題の中で最も重要なのは，狭隘道路の拡幅であろう。狭隘道路を拡幅させる仕組みは既存制度の中にある。第 6 章で述べたとおり (p.83)，建築基準法では敷地が幅員 4m 以上の道路に 2m 以上接していることを建物建設の条件としている。幅員が 4m 未満の 2 項道路に面した敷地では建て替え時に，道路中心線から 2m 後退した位置を道路境界線と見なすことになっている。したがって，2 項道路に面する全敷地が建て替えを完了した時，4m 道路ができあがることになる。

　4m 幅員の道路は最低限であり，場所によってさらに幅員の広い道路が必要になる。道路幅員に応じて容積率は制限されることになっているが，このルールも道路拡幅の実現に役立つ。これは指定容積率に関わらず前面道路幅員に対応して上限容積率が定まるもので，用途地域が住居系地域に指定されている地域では，幅員の 0.4 倍までが建設可能な容積率となる。住居系の用途地域で指定された容積率制限が 300% であったとしても，幅員 4m の道路に面している敷地は 4m の 0.4 倍，すなわち 160% までしか建築できない。この 160% と 300% の差は，土地所有者が道路拡幅に賛成する誘因となる。また，地区計画を用いて，建物の外壁

後退と容積率制限緩和をセットにすることも可能である。

　このように狭隘道路を拡幅する仕組みはあるものの，道路拡幅は道路延長全体で行われなければ完成しない。つまり，狭隘道路の拡幅には長期間を要するのである。また，敷地規模が小さい場合には，外壁後退をすると建築面積を確保できないことも建物更新がなかなか進まない理由となっている。

　さて，密集市街地の整備課題は，いずれも建物更新を伴ってはじめて実現できるものであり，したがって改善型再開発の実現の成否及び時期は，土地建物所有者の建物更新意図に関わっている。行政の働きかけだけでは限界があり，住民が密集市街地の環境改善の必要性を強く意識し，実現の方法を探っていく作業，つまり"まちづくり"が欠かせない。住民主導のまちづくりがあちらこちらで動きつつあり，成果をあげている。行政中心の環境改善から，行政の様々な支援を受けながら住民中心で行われる環境改善へと21世紀は変わりつつある。

4．まとめ

　生活者が悪い環境を改善しようとしても，自分だけではできない。近くの住民たち，企業，行政などと協力して，必要な事業を進める必要がある。また，再開発事業や道路事業に巻き込まれることも十分に考えられる。いずれの場合でも，どのようにして環境を改善するか，あるいは魅力的な環境をつくるかということについて，他人任せではなく，ある程度のイメージないし知識をもって臨むことが，これからの時代では求められている。

》〉注
1) 道路など基盤施設整備が不十分なまま住宅が建設され,農地と住宅地が混在するようになった状態。都市の拡大期に都市郊外で多数発生した。

学習課題

1. 再開発事業の事例を探し,現地を見学してみよう。再開発は地域に何をもたらしただろうか。

●環境をつくるに関する判例●　　　　　　　　　　　　　　　　小川清一郎

　総合設計制度を用いて，共同住宅建設を考えていた開発事業者に対して，近隣住民から総合設計制度許可の取り消しを求めた事例がある。本裁判では，まず，近隣住民が総合設計制度の取り消しを求める権利があるか否かが問われ，権利が認められた。

　住宅・都市整備公団（現，都市再生機構）は，埼玉県桶川市の土地に地上25階建，高さ75.5mの共同住宅を建築する計画を立て，建築基準法59条の2に基づくいわゆる総合設計許可を受けた。また，公団は，本件建築物について同法施行令131条の2第2項に基づく認定処分も受けたので，本件土地の東北側に接する都市計画道路が本件建築物の前面道路とみなされていわゆる隣地斜線制限が緩和されることとなった。そこで近所の住民らが，本件各処分により日照，プライバシーの侵害を受けるなどと主張して本件各処分の取り消しを求めて訴えを提起した。

　①総合設計許可に係る建築物の周辺の建築物の居住者が総合設計許可の取り消しを求める原告適格を有するか否か，②都市計画道路が完成し供用が開始された場合における建築基準法施行令に基づく認定処分の取り消しを求める訴えの利益があるか，が問題となった。

　裁判所は，総合設計許可の取り消しを求める原告適格について，建築基準法の許可に基づいて建築される建築物により日照を阻害される周辺の他の建築物に居住する者について同許可の取消訴訟の原告適格を肯定した。都市計画道路が完成し供用が開始された場合における建築基準法施行令に基づく認定処分の取り消しを求める訴えの利益については，この認定処分は，当該計画道路が道路として完成し供用が開始されるまでの間存続するが，当該計画道路が完成して供用が開始されれば，消滅するから，認定処分の取消しを求める訴えの利益は失われる，とした。（最判平成14年3月28日判例タイムズ1088号124頁）

8 | 住宅価格が決まる

前川俊一

《目標&ポイント》 太郎さんと花子さん，マンションを売って，郊外の戸建て住宅に移ろうかと考えています。住宅の価格が下がっていないといいのですが……，心配です。住宅価格の決まり方についての基本を理解しましょう。
《キーワード》 住宅価格，分譲市場，流通市場，資本コスト，留保価格

1. 分譲市場と流通市場

　住宅価格がどのように決定するのか。はじめに住宅市場には，分譲市場と流通市場がある。その違いを見てみよう。

　住宅市場には，分譲市場（新築住宅市場）と流通市場（中古住宅市場）がある。これらの市場は異なったタイプの市場を形成する。分譲市場は一般の生産物市場と同様に供給者（売り手）が企業（不動産業者）であり，一度に多数の住宅を販売するのに対して，流通市場の売り手は買い手と同様に個人であり，一戸の住宅を販売する主体である。このように異なった形態の市場において各主体の戦略も異なり，タイプの異なる市場が形成される。

2. 各主体の需要価格または供給価格

　各主体の住宅の値付け（需要価格または供給価格），特に買い手の需要価格は，「毎期の住宅サービスから得られる便益または利益」を資本還元する（背後にある資本価値に置き直す）ことによって求められる。

ただし，新築住宅の供給者の供給価格については住宅の生産コスト（土地購入費，建築費等）から説明される。

住宅の価格形成要因となる住宅サービスの質，そして資本還元方法を含めて買い手の需要価格，売り手の供給価格について説明しよう。

(1) 住宅サービスの質を決定する要因

住宅サービスの質は，買い手あるいは住宅の保有者が受け取る便益または利益の水準に影響を与える。その住宅サービスの質を示す要因には，地域の要因と個別の要因がある（表8-1 p.109）。

住宅価格の推計は，表8-1に示した要因が住宅の価格形成要因となり，各要因の質に付けられた価値の合計が住宅価格となるといった仮定（ヘドニック分析）[1]に基づき，市場で観察された取引価格から各要因の質の価値を分析して行う。

(2) 買い手の住宅に対する支払意思額（需要価格）

買い手の住宅に対する支払意思額は住宅から得られる便益または利益に対して，その住宅を取得するために支払ってもよいと考えるコストである。

具体的には，買い手の住宅に対する支払意思額は，初年度の便益または利益を資本コストで資本還元して求める。資本コストとは，利子率等で構成される住宅購入のための支払額1円あたりの年額資本費用である。住宅の購入費にこの資本コストを乗じたものが住宅購入の初年度の年額資本費用となるが，これを初年度の便益または利益と対応させる。すなわち，初年度の便益または利益をその住宅を購入するために負担してもよいと思う初年度の年額資本費用に置き換え，それを資本コストで割る（資本還元する）ことによりその住宅に対して支払ってもよいと思

表8-1　住宅サービスの質を示す要因

大分類	中分類	小分類
地域要因	行政的要因	地域における公法上の規制（用途規制，密度規制，その他の規制） 法令，条例，行政指導（開発指導要綱）など
	交通接近要因	都心までの距離，最寄駅までの距離，バス便など
	地域住環境要因	緑被率，街路の幅員，画地の面積，配置および利用の状況，街並み景観，嫌悪施設の有無　など
	社会資本整備要因	公共・公益施設の配置，情報通信基盤の整備，上水道，下水道，都市ガスなど供給処理施設　など
	災害危険性要因	土壌汚染の区域指定の有無，地盤，その他災害の危険性　など
個別要因	行政的要因	当該住宅敷地における用途規制，密度規制，その他の規制，行政指導（開発指導要綱） これらは将来の建て替え，増築，改築なの際重要な要因となる
	敷地要因	土地面積，形状（整形，不整形，間口，奥行きなど），土地の履歴，土壌汚染の有無，地盤，災害の危険性　など
	建物要因等	建物の構造，施工業者（施工の質），設計・設備，耐震性，耐火性，建築後経過年数，建物修繕履歴，維持管理の状況，敷地との関連（敷地内での建物配置，敷地規模と建物規模との調和）　など
	住空間環境要因	床面積，間取り，住空間の動線，日照・眺望・景観など 区分所有であれば共用部分の状況　など
	周辺環境要因	前面道路の接面方位と幅員，周辺住環境，周辺住宅との関連，嫌悪施設の有無　など
	利便性要因	最寄駅までの距離，商店街までの距離，公園など公共公益施設までの距離　など
	供給処理施設等	上水道，下水道，都市ガス　など

（不動産鑑定評価基準を参考に筆者が作成）

う支払意思額を計算するのである。

　初年度の便益または利益は，自分の居住用住宅であればその住宅から受けるサービスに対する初年度の支払意思額となる。それは，全く同じサービスが得られる住宅を借りた場合に支払う家賃が参考になる。

　資本コスト（CC）は，利子率（r：住宅ローン金利），住宅の減耗率（δ），保有税の実効税率（τ：実際の支払税額/住宅価格），住宅価格（新築）の上昇率（π），住宅ローン控除など減税措置（10年間ローン残高に対する1％税額控除（限度額50万円））及び登録免許税など流通税[2]と仲介手数料等初期にかかる費用から説明され，〈8-1〉式で示される。

$$CC = (1-A) \times (r + \delta + \tau - \pi) \qquad \langle 8\text{-}1 \rangle 式$$

　〈8-1〉式の意味は住宅を借り入れによって購入する場合，利子率が買い入れによるコストになることを示す。住宅の減耗と固定資産税もコストを形成する。住宅価格（新築）の上昇率は住宅保有の利益を意味するので，資本コストを引き下げる。〈8-1〉式のAは，住宅ローン控除などの減税効果と流通税，仲介手数料等初期費用により実質的住宅価格を変化させる率を示す。減税効果のほうが大きければ，実質的な住宅価格は安くなる（Aの符号はプラス）。

　例えば，利子率（住宅ローン金利）を2.4％（$r = 0.024$，2011年1月現在のフラット35[3]の平均的金利），住宅の耐用年数40年，家屋の価値割合が70％で，家屋部分が定額で減価すると住宅の減耗率は1.75％となる（$\delta = 0.7 \times \dfrac{1}{40} = 0.0175$）。そして，保有税率の実効税率を0.4％（$\tau = 0.004$）[4]とし，住宅価格（新築）の上昇率を0％（$\pi = 0$）と仮定する。住宅ローン減税（10年間ローン残高の1％税額控除）[5]の効果は住宅価格に対する住宅ローン額の割合を75％，借入期間35年，利子率2.4％として毎期の借入残高を計算して，減税効果の価値に対する割合を求めると5.90％となる。そして，流通税等初期費用を5％[6]とすると〈8-1〉

式の A は $A = 0.059 - 0.05 = 0.009$ となる。これらの仮定の下で資本コストを〈8-1〉式を使って計算すると,〈8-2〉式のように4.59%になる。

$$CC = (1 - 0.009) \times (0.024 + 0.0175 + 0.004 - 0) = 0.0459 \quad \langle 8\text{-}2 \rangle 式$$

そこで,仮に,その住宅サービスに対して15万/月(年間180万円)支払う意思があるとすれば,この住宅に対する支払意思額は3,922万円(=180万円/0.0459)となる。ただし,それが第9章(p.119)で説明する資金調達可能額を上回る場合は,資金調達可能額が支払意思額となる。

(3) 売り手の供給価格

分譲市場の場合(売り手は不動産業者)の供給価格は,一戸の住宅を供給するための土地購入費,建設関連コスト及び販売に要するコストから構成される。

流通市場の場合,売り手は個人であり自分が住む住宅を売却しようとするのであれば,基本的な考え方は買い手の需要価格と同じような考え方になる。すなわち,自分が住宅を保有し続けることによる資本コストを計算して,保有を継続することによる便益または利益を資本還元して求められる。

買い手の需要価格を求める場合との大きな違いは以下のとおりである。
①資本コストに関しては,住宅の購入にかかる減税措置,購入の初期費用を考慮しない。
②便益または利益に関しては,住み替えが必要になり売却する場合において自己利用の便益が市場の家賃より低くなっている可能性があることである。保有を継続して賃貸料を得ることができれば市場家賃を受け取れるが,保有を継続した場合は住み替えに必要な資金を得ることができなくなる可能性がある。

3. 各主体の取り引きの基準とする価格

　次に取り引きするか否かの基準となる価格（留保価格）を説明する。買い手の留保価格は買ってもよいと思う上限値であり，売り手の留保価格は売ってもよいと思う下限値である。買い手の留保価格を例に新築住宅（分譲）市場を想定し，説明する。

　新築住宅を探す買い手が3,000万円の分譲マンションを見つけたとする。買い手のその住宅に対する支払意思額（需要価格）は3,100万円であったとすると，この買い手は3,000万円で購入するだろうか。

　もし，同一のサービスを提供する住宅が3,000万円以下で売っている不動産業者がどこかにいることを知っている（どこにいるか正確には知らない）とすると，需要価格を下回っている住宅価格（3,000万円）でも買わないかもしれない。例えば，その買い手がもう1回住宅を探したら2,800万円で売っている不動産業者を見つける確率が5％あるとする。住宅を探す費用（探索の限界費用）に5万円かかるとすると，住宅を探す利益（探索の限界利益）は10万円（＝(3,000万円−2,800万円)×0.05）となり，探す費用を上回ることになるから，3,000万円が需要価格より低い価格であってもその不動産業者から住宅を購入しないで同一の住宅を販売している別の不動産業者を探すことになる。すなわち，取り引きするか否かの基準となる価格（留保価格）は需要価格と異なる。

　留保価格は「探索の限界利益＝探索の限界費用」になるように決定される。市場が競争的で売り手が多数存在し，売り物件情報も容易に入手でき，その不確実性もないような市場では，探索の限界費用は極めて低いことになり，上記の条件を満たす留保価格は低くなる。すなわち，買い手はできる限り安い住宅を探そうとする。逆に，市場が非競争的で売り手が少なく情報が得にくく不確実性も大きければ，探索の限界費用も

高額になり，上記の条件を満たす留保価格は高くなり，需要価格に近づく。

　売り手の場合も，住宅の探索を買い手の探索に変えて議論すればほぼ同様に議論できる。売り手の場合の利益は「売却価格－供給価格」であるので，売却価格が高いほどよいため，高い価格で買ってくれる買い手を探すことになる。売り手の留保価格も買い手を探索する限界利益と限界費用が一致するように決定する。そして，市場が競争的であるほど留保価格は高くなり，市場が非競争的であるほど供給価格に近づく。

　取り引きは買い手の留保価格と売り手の留保価格の間で決定する。そして，取引成立条件は「買い手の留保価格が売り手の留保価格以上」となる。ただし，需要価格，供給価格及び留保価格は観察できず，観察できるのは戦略価格である売り手の売り希望価格と買い手の買い希望価格である。そして，売り希望価格は買い希望価格より高いのが一般的である。

　競争的であれば，買い手の留保価格は低くなり，売り手の留保価格は高くなる。各主体の留保価格は近づくことになる。したがって，取り引きが買い手の留保価格と売り手の留保価格の間で行われることから，取引価格のばらつきが小さくなる。すなわち，相場が形成されやすい。逆に非競争的なら両者は乖離し，取引価格にばらつきが発生する。

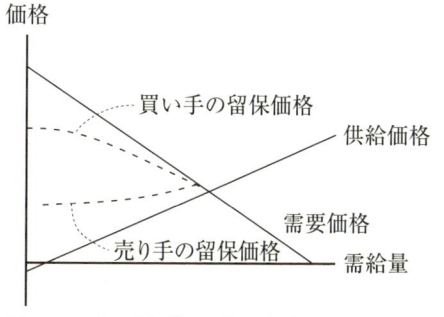

図8-1　需要価格，供給価格と留保価格

逆にいえば、相場が形成されている市場は競争的であり、留保価格も相場から形成され取引価格のばらつきも小さくなる。相場が形成されていない市場は非競争的であり、留保価格もバラバラになって、取引価格もバラバラになる。

4. 住宅市場における価格の決定

(1) 住宅流通市場における価格の決定

住宅流通市場において住宅を売却しようとする売り手は仲介業者と媒介契約を結び、登録価格を決定する。仲介業者はレインズに登録し[7]、買い手は、取引価格が自分の留保価格以下になると予測させる登録価格の住宅を探索して、登録価格より取引価格を低くする値下げの交渉を行う。なお、売り手の登録価格は自分の留保価格より高い。

取引価格は、買い手との交渉により、登録価格と売り手の留保価格の間で決定する。

売り手の戦略は自分の期待利益が最大になるような登録価格を設定することである。登録価格設定の効果には、取引価格に対する効果と買い手の探索容易性に対する効果がある。前者の効果は、登録価格の上昇によって取引価格が高くなる可能性であり、後者の効果は、登録価格の上昇によって住宅を探索する買い手の数の減少に基づく買い手を探索する時間の長期化である。前者の効果は登録価格を引き上げるプラスの効果であり、後者の効果はマイナスの効果である。

(2) 住宅分譲市場における価格の決定

分譲市場は先に説明したように売り手は不動産業者であり、一度に多数の住宅を販売する。そして、比較的大規模な広告を出して買い手の探索を容易にする。不動産業者は各住宅に価格を付けて売り出すが、売れ

残りが出ない限り，基本的には買い手の値引き交渉には応じない。なぜなら，①多数の住宅を販売するので特定の値引きに応じると他の買い手との交渉に影響を与えること，②値引き交渉を拒否して買い手との取り引きが不成立になっても比較的早く次の買い手が現れること，などのためである。

　不動産業者の値付け戦略は一戸，一戸の住宅の利益を最大化することでなく，全体の利益を最大にすることである。分譲市場の価格設定の戦略は，流通市場における登録価格設定値付け戦略と異なることになる。取引価格は買い手の値下げ交渉に応じないので各住宅に設定された価格が取引価格になる。売り手（不動産業者）の利益は流通市場のように一戸の住宅を売却することによる利益でなく，多数の住宅を売却する利益（あるいは企業全体の利益）として表現されなければならない。また，流通市場とは異なり，分譲市場では同一の場所で多数の住宅が供給されることになるので，自分が販売する各住宅がそれぞれ比較しやすく，各住宅を差別化しやすい。

　不動産業者は，長期に売れ残りが発生することを避けたい，また各住宅の需要者のタイプが異なり，差別化しやすいことから価格差をつける戦略を採用する。すなわち，質の高い住宅を比較的高めに，質の低い住宅を低めに価格を付ける傾向にある。例えば，建売分譲を想定すると，住宅の質が高い南向きの住宅，特に南東の角地の住宅は高くても買い手が必ずいるのに対して，北向きの住宅は安くなければ購入しない買い手が多くなる。流通市場の価格格差は北向きの住宅地を100とすれば，南向きの住宅地は103～105程度，南東の角の住宅地は110程度であった場合でも，分譲市場では土地の価格差は南向きを110～115，南東の角地は120～130程度にする傾向にある。結果的に先に説明した価格の形成要因の感度が，分譲市場で高くなる可能性が大きいのである。

なお，分譲住宅の場合，土地の仕入れが竣工に先行し，価格の設定も住宅の原価に一定の利潤を乗せて設定する傾向もあるので，中古住宅に比べると価格の変動が遅れる傾向にある。

5. 住宅価格の変動

住宅の価格がどのように決定されるのかについてミクロ的に見てきたが，住宅価格の変動する要因についても理解しよう。

住宅価格の変動は，経済動向，住宅の需要に大きな影響を与える人口動向などマクロ的な要因に影響される。経済が低迷すれば家計の所得が減少し，資金調達能力も低下して，住宅に対する支払意思額は低下する。景気の動向に直接影響されることになる。金利は低下すると資本コストが低下し，住宅に対する支払意思額（需要価格）が上昇するが，住宅価格の上昇があまり期待できない状況では資本コストを引き上げる。

人口動向に関しては，わが国は少子高齢化が進み，人口も減少期に突入した。人口の減少はやがて世帯数の減少をもたらす。住宅需要の絶対量が減少していく。このような状況は住宅価格を引き下げる圧力となる。

全国一律に人口が減少するわけではないので，人口の動向は地域的に捉える必要がある。

6. まとめ

住宅価格の設定及び決定の仕組みは理解できた。住宅価格は，時代，地域，個別の住宅の要因から決まる。私たちの暮らしに大きな影響を与える住宅の価格。マクロ，ミクロの視点から総合的に考え，住宅購入を考えよう。

》》注
1) ある財の価値がさまざまな特性により決定されているものとみなし，個々の特性が財の価格に与える寄与度を計量分析し，それぞれの特性のもつ価値の評価を行う分析手法である。
2) 第9章の3節（1）「住宅の取得時における税金」の①，②参照（p.123）。
3) 第9章の2節（2）「変動金利と固定金利」の③を参照（p.121）。
4) 固定資産税1.4％，都市計画税0.3％であり，固定資産税の評価率が0.7，減税措置は住宅用地の場合1/6，として，住宅用地の価値を7割，家屋部分を3割として計算。
5) 第9章の3節（1）「住宅の取得時における税金」の⑥表9-1参照（p.125）。ここでは，頭金1,000万円で住宅ローンを3,000万円設定して4,000万円の住宅を購入したことを想定し，住宅ローン金利を2.4％，借入期間35年として，10年間の減税の現在価値を求めて，住宅減税効果の住宅価格に対する割合を算出している。
6) 第9章の3節「住宅に関する税制」，4節「住宅購入に関する資金計画」を参照（p.126）。仲介手数料を3％，流通税等1％，住宅購入に伴って生じる諸費用を1％と想定して，5％と想定した。
7) REINS（Real Estate Information Network System） 不動産流通標準情報システムの略称。国土交通大臣から指定を受けた不動産流通機構が運営しているコンピュータ・ネットワークシステムの名称で，専属専任媒介契約，専任媒介契約を締結した場合，1週間以内に指定流通機構に登録しなければならない。レインズに登録された物件は，売却を依頼された業者，またはそれ以外の業者も店頭に広告を出し，買い手を探すことができる。

学習課題

1. 自宅に入ってくる中古住宅の広告を見てみよう。同じ地域で同じように見える住宅や土地でも，価格に違いがある。どうしてそのような違いがあるのだろうか。

❁住宅価格に関する判例❁   小川清一郎

　住宅の価格，不動産の価格は変動する。同じ不動産でも価格が変動し，それに関する開発事業者と購入者のトラブルの事例である。

　Xらは，住宅公団（訴訟承継後はY）と，団地内の住宅につき賃貸借契約を締結していた。団地の建て替え事業に当たって，建て替え後の分譲住宅の購入を希望し，上記賃貸借契約を合意解約した上，上記住宅を明け渡す等して建て替え事業に協力した。Xらと住宅公団が交わした覚書には，住宅公団においてXらに対し優先的に分譲住宅を斡旋した後，未分譲住宅の一般公募を直ちにすること及び一般公募における譲渡価格とXらに対する譲渡価格が少なくとも同等であることを意味する条項（優先購入条項）が含まれていた。住宅公団は，Xらとの間で平成6年12月及び平成7年10月，建て替え後の新団地内の分譲住宅の譲渡契約を締結した。その後住宅公団は平成10年7月に至って建て替え後の新団地内の分譲住宅を25.5％から29.1％の値下げをし，一般公募をした。そこでXらは，住宅公団は契約締結に際してXらに対し，信義則上，Xらに対する斡旋後，直ちに未分譲住宅の一般公募をする意思がないことを説明すべき義務があったが，これを怠ったことから，Yに対し，不法行為による損害賠償請求権に基づき，慰謝料等の支払を求めた。

　裁判所は，Yは，Xらが，優先購入条項により，未分譲住宅の一般公募が直ちに行なわれると認識していたことを容易に知ることができたがXらに対し，一般公募を直ちに実施する意思がないことを説明せず，該当説明をしなかったことは信義誠実の原則に著しく違反するとして，Yに対する慰謝料請求権を認めた。住宅価格が下落して売残り物件を値引き販売しても，先行購入者は文句を言えないのが判例の原則である。しかし，本件は特殊事情により，慰謝料請求権を認めたものである。（最判平成16年11月18日民集58巻8号2225頁，判例タイムズ1172号135頁）

9 | 住まいの資金計画をたてる

前川俊一

《**目標＆ポイント**》 太郎さんは住宅の買い替えるために，住宅ローン支払いのほかに諸費用がいったいどのくらい必要なのか，そして自分の住宅ローンはいくら返済しているのかなど，心配になってきました。住宅購入の資金計画の基礎を理解しましょう。
《**キーワード**》 住宅ローン，税金，資金計画

1. 住宅購入のための資金調達可能額

　自分はいくらの住宅を買えるのだろうか。生活者は経済学的に見ると，資金制約条件の下で一般の消費財と住宅サービスの質を選択することになる。ここでは，生活のための一般消費財の価格，需要量は与えられたものとして，住宅のために使うことができる資金額を考えよう。住宅は他の商品と異なり高額なものであるので，金融機関から借り入れ（住宅ローン）を考えざるを得ない。そこで，住宅を購入するための「資金調達可能額」を見ていこう。
　住宅の資金調達可能額は「住宅の購入のための自己資金額」と「金融機関からの借入可能額」から構成される。金融機関からの借入可能額は「年間の借入金償還可能額」を「年賦償還率」で割って求める。年間の借入償還可能額は住宅の買い手の年収の一定割合として捉える（金融機関では20％から25％を考える）。年賦償還率は，借入金に対する年間の償還率[1]であり，利子率（固定金利か変動金利か），借入期間，返済方

法に依存する。新規に住宅を取得しようとする買い手の場合は，住宅ローン額の住宅価格に対する割合は80％程度が一般的なので，資金調達可能額は年収，年賦償還率に大きく依存する。一方，住宅の買い替えで住宅を取得する場合は，現所有住宅の売却価格が資金調達可能額に大きく影響することになる。

2. 住宅ローン

住宅ローンは，借入期間をどのように設定するか，固定金利の住宅ローンと変動金利の住宅ローンのどちらを利用するかにより返済額が大きく異なってくる。住宅ローンの仕組みを見ていこう。

(1) 借入期間

借入期間は2年以上35年以内であるが，マンションか，戸建住宅かにより耐用年数が異なることで借入期間が異なる。中古住宅の場合も基本的には新築住宅と同様に住宅ローンを利用できるが，中古住宅の耐用年数により借入期間が制限されることがある。

(2) 変動金利と固定金利

変動金利ローンとは金利が市場の金利の変動にもとなって変動させるタイプのローン，固定金利ローンとは借入期間中金利を変動させないタイプのローンである。借り手にとっては変動金利の場合，将来，金利がどのように変動するか分からないのでリスクを持つことになり，固定金利の場合，金利が変動せず返済額が変化しないので金利変動リスクを持たない。貸し手は，比較的短期で資金調達することを考えると，資金調達コストが金利変動によって変化することになることから，変動金利のローンは金利変動リスクを借り手に移転できるが，固定金利ローンはリ

スクを移転できない。このようなことから固定金利は金利変動リスクを貸し手が持つので，変動金利に比べ高いことになる。

具体的な金融機関の住宅ローンには，変動金利型，固定期間選択型及び全期間固定金利型住宅ローンがある。民間金融機関は変動金利型と固定期間選択型住宅ローンが中心であり，全期間固定金利型住宅ローンは長期に金利が固定されるので自力で行うのは難しい[2]。

①変動金利型住宅ローンは，短期プライムレート[3]と連動して金利が変動するタイプのものであり，毎年4月1日と10月1日の年2回，そのときの短期金利に基づいて金利が変更される（適用は7月からと翌年1月からの返済）。多くの場合，5年間償還額（元利返済額）は一定となり，金利の変動は元本の返済額を変化させ調整している。その場合，償還額は5年置きに見直される。

②固定期間選択型住宅ローンは，一定期間固定金利となり，その期間経過後は変動金利となる。固定期間は5年，10年，15年，20年などさまざまな期間が設定されている。

③全期間固定金利型住宅ローンは，全期間固定金利が適用されるもので，その代表としてフラット35がある。フラット35は35年の固定金利の住宅ローンで，民間金融機関が窓口となって販売される。そのローン債権を証券化の手法で住宅金融支援機構に売却する「買取型フラット35」か，ローン債権は金融機関が保有したままで契約者の住宅ローンの金利支払いを住宅金融支援機構が保証する「保証型フラット35」がある。また，同種のローンで借入期間が20年以内のフラット20や省エネまたは耐震など，一定の要件を満たしたものに対して一定期間金利を割り引くフラット35sがある。

なお，買取型フラット35の場合，住宅金融支援機構は買い取った住宅ローン債権を証券化（RMBS：Residential Mortgage Backed Securities）

して投資家に販売する。

(3) 元利均等返済

元金均等返済が元金を均等に返済し，利息部分について月初めの借入残高に対して金利を乗じて計算するタイプのものに対して，元利均等返済は元金の返済部分と利息部分を合計した償還額が一定となっているタイプのものである。単純な固定金利で説明してみよう。住宅ローンの月賦償還額を DS_m，借入金額を M，ローン金利を r とし，月次の金利を $\frac{r}{12}$（ボーナス時払いの場合の半期の金利は $\frac{r}{2}$），月賦償還率を m_r（ボーナス時払いの償還率は h_r）とすると，次のように定式化される。

$$M = \frac{DS_m}{\left(1+\frac{r}{12}\right)} + \frac{DS_m}{\left(1+\frac{r}{12}\right)^2} + \frac{DS_m}{\left(1+\frac{r}{12}\right)} + \cdots\cdots + \frac{DS_m}{\left(1+\frac{r}{12}\right)^{12 \times n}} \quad \langle 9\text{-}1 \rangle 式$$

〈9-1〉式を展開すると〈9-2〉式の月賦償還率が求められる。また，同様な式展開により〈9-3〉式のようにボーナス時払いの償還率が求められる。また，年1回の返済の年賦償還率も〈9-4〉式のように示される。なお，n は借入期間。

月賦償還率
$$m_r = \frac{DS_m}{M} = \frac{\frac{r}{12}\left(1+\frac{r}{12}\right)^{12 \times n}}{\left(1+\frac{r}{12}\right)^{12 \times n} - 1} \quad \langle 9\text{-}2 \rangle 式$$

ボーナス時払いの償還率
$$h_r = \frac{\frac{r}{2}\left(1+\frac{r}{2}\right)^{2 \times n}}{\left(1+\frac{r}{2}\right)^{2 \times n} - 1} \quad \langle 9\text{-}3 \rangle 式$$

年賦償還率
$$a_r = \frac{r(1+r)^n}{(1+r)^n - 1} \quad \langle 9\text{-}4 \rangle 式$$

変動金利の場合は，金利改定期の借入残高率と残存借入期間から〈9-2〉式または〈9-3〉式に基づいて月賦償還率，またはボーナス時払いの償還率が求められる。

3. 住宅に関する税制

住宅購入時に必要な費用として，税金とその減税措置について見ていこう。

(1) 住宅の取得時における税金
①不動産取得税
　課税標準額は固定資産課税台帳に記載されている価格であり，税率は土地及び住宅用家屋3％，非住宅家屋4％である。

　申請によって住宅取得における不動産取得税の軽減がある（2011年度）。家屋部分の軽減措置は，要件床面積$50m^2$から$240m^2$であり，控除額1,200万円である。中古住宅の場合は，同一の面積要件で1982年1月1日以降に建築されたものが対象であり，1997年以降に新築されたものは1,200万円，それ以前は築年時に応じて控除額がそこから低減する。

　住宅用地については，①「45,000円」，②「$1m^2$あたりの土地価格×住宅床面積の2倍（$200m^2$が上限）×3％」のうちいずれか高いほうの額が税額から控除される。

②登録免許税
　土地や住宅を購入した場合，所有権を明確にするために必ず登記を行う。このときかかる税金が登録免許税である。土地所有権の移転の登録免許税は20/1000である[4]。また，相続による所有権の移転は4/1000で，贈与の場合は20/1000である（2011年度）。

住宅用家屋の登録免許税は所有権保存の場合4/1000で，所有権の移転の場合20/1000であるが，個人が住宅用家屋を新築または取得し，自己の利用に供した場合は所有権の保存登記は1.5/1000，所有権移転登記は3/1000である（2011年度）。

③**印紙税**

　印紙税は住宅の売買，ローンの契約文書について記載金額に応じて印紙税が課される。1,000万円を超え5,000万円以下2万円，5,000万円を超え1億円以下6万円，1億円を超え5億円以下10万円である（2011年度）。

④**消費税**

　土地に対しては非課税であるが，建物に対しては消費税が課される。

⑤**相続税・贈与税**

　相続，贈与によって得た場合，相続税と贈与税が課される。相続税の基礎控除額は「5,000万円＋法定相続人の数×1,000万円」であり，贈与税の基礎控除額は110万円である（2011年度）。税率は6段階累進税率であり，相続税の場合3億円で最高税率（50％）に達するのに対して，贈与税は1,000万円で最高税率（50％）に達してしまう（2011年度）。贈与税は相続税に比べかなり重くなっている。しかし，贈与税は2003年には相続時精算課税制度が導入された。相続時精算課税制度は，受贈人が20歳，贈与者（直系尊属）が65歳以上であることを条件に，この制度を選択した場合，贈与時受贈者1人当たり2,500万円まで控除され，それを超える場合20％の課税がされて，相続時に贈与額が相続財産に加えられ精算される。また，住宅取得等資金に係る贈与税の非課税措置（2011年度1,000万円）がある。

⑥**住宅取得に対する減税措置**

　住宅（敷地を含む）の新築・取得及び一定の増改築等のために行う借

表 9-1　税額控除額の限度額

居住年次	借入金等の年末残高の限度額	控除率	最高	合計最高控除額
21 年	5,000 万円	1.00%	50 万円	500 万円
22 年	5,000 万円	1.00%	50 万円	500 万円
23 年	4,000 万円	1.00%	40 万円	400 万円
24 年	3,000 万円	1.00%	30 万円	300 万円
25 年	2,000 万円	1.00%	20 万円	200 万円

入金等（償還期間 10 年以上）の年末残高の 1％が税額控除される。なお，面積要件は $50m^2$ 以上，所得制限は 3,000 万円である。税額控除額の限度額は表 9-1 のとおりである。なお，所得税で控除しきれなくなった税額控除額がある場合，翌年の住民税から控除される。

(2) 住宅の保有時における税金

住宅の保有時にかかる税として，固定資産税と都市計画税がある。

課税対象は，固定資産税の場合は土地，家屋，償却資産であり，都市計画税の場合は市街化区域内の土地及び家屋である。

課税標準額は固定資産税評価額（固定資産課税台帳の登録価格）（3年置きに評価替え）であるが，土地の場合，土地価格の変動による税の負担の激変を緩和させるために負担調整を行う。家屋の場合は，前年の課税標準額と本年度の固定資産税評価額のうち，低いほうが本年度の課税標準額となる。なお，住宅に対する減税措置は表 9-2 のとおりである。

表 9-2　住宅に対する減税措置

住宅用地に対する減税措置

	$200m^2$ 以下	$200m^2$ 超
固定資産税	1/6	1/3
都市計画税	1/3	2/3

新築住宅（家屋）に関する減税措置

	$120m^2$ まで
非木造	5 年間 1/2
木造	3 年間 1/2

税率は，固定資産税の標準税率が1.4％（大半の市町村が1.4％を適用），都市計画税の制限税率が0.3％である。

また，住宅を賃貸する等により不動産所得を得ている場合，その所得に対して個人であれば所得税，住民税，個人事業税が，法人であれば法人税，住民税及び法人事業税が課される。

(3) 住宅の譲渡時における税金

住宅売却時によって譲渡益が生じた場合，所得税または法人税と住民税が課される。課税対象となる譲渡益は，次のように計算される。

譲渡益＝売却収入－売却に要した費用(仲介手数料など)－取得価格

法人の場合，通常の所得に合算され法人税が課される（総合課税）が，個人の場合，短期譲渡所得（5年以下）と長期譲渡所得（5年超）に区分され他の所得と分離して課税される（分離課税）。短期譲渡所得は所得税が30％，住民税が9％であり，長期譲渡所得は所得税が15％，住民税が5％である。

4. 住宅購入に関する資金計画

前節まで住宅ローンと住宅にかかる税金について説明したが，本節では新築を新たに購入することを想定した資金計画を説明する。

想定する住宅の購入者は，世帯主（既婚）が年収500万円の35歳で子供が2人（3歳児と1歳児）いる4人家族とする。この家族の住宅購入のための資金計画は，住宅購入時の資金調達だけでなく，購入後の住宅ローンの返済も含めて立案する必要がある。購入後の住宅ローンの返済計画を立てるにあたっては，子供の成長に伴う教育費も考慮しなければならない。

表9-3 資金調達の購入可能な住宅

項目		金額	備考
年収		500万円	世帯主の年齢を35歳と想定
住宅ローン額		2720万円	金利2.4％，借入期間35年，月賦償還の借入50％ ボーナス時償還の借入50％，年間の償還率4.23％ 返済額は年間115万円（年収の23％） 後に検討する無理のない返済計画による
頭金		680万円	この頭金を確保するためには，貯蓄＋親の援助が900万円程度必要
購入住宅価格		3400万円	年収，頭金額から購入可能な金額が決定 価値割合，土地35％，建物65％
住宅購入に伴う費用	流通税，手数料等	50万円	不動産取得税0円，印紙税2万円 登録免許税（土地1.5％，建物保存0.15％），司法書士手数料，融資手数料　など
	住宅移転など予備費	100万円	引っ越し代，新規住宅の家具の購入費　など予備的な費用

(1) 購入時の資金調達計画

年収が500万円の人を考えよう（表9-3）。個人が設定できる住宅ローン額を2,720万円と想定し，ローンの年間返済額は115万円で年収の23％である（多くの金融機関は25％を限度とする）。頭金を2割とし，購入住宅価格を3,400万円とすると，予備費も含めて住宅購入に伴う費用が150万円程度かかると考えられ，「自分の貯蓄＋親からの住宅資金贈与（1,000万円まで無税）」によって900万円程度準備が必要となる。この場合，初期の余剰金は70万円（＝900万円－680万円－150万円）である。

頭金を2割以下にすることが可能であれば，500万円程度の資金を準備できれば，購入可能な住宅は3,000万円程度になる。

(2) 住宅ローン返済計画

年収の一定割合を返済可能額として住宅ローン額が設定されるが，子供の成長を視野に入れたライフサイクルの中で無理のない返済かどうかを検討することは大切である。これを検討するために，年収，生活費，養育費などについて仮定を設定する必要がある。年収の500万円は毎年1％上昇し，食費など生活費は購入時180万円でこれも毎年1％上昇すると仮定する（なお，子供が独立すると生活費は75％になるとする）。養育費は1人30万円とし，高校以上は私立の進学を想定し，授業料などで1人100万円まで上昇するとした。固定資産税等保有税は土地の実効税率が0.2％程度（土地価格は変化しないとする），家屋の実効税率が0.85％（建物の価値は減耗していく）で5年間は1/2の減税がある。住宅ローン減税は10年間あるので，10年間所得税，住民税は支払う必要はない。11年以降の所得税等は現行（2011年度）の所得税法に基づい

表9-4 住宅ローンの返済計画と一部期限前償還

ローン期間（年目）	1	10	15	20	25
世帯主の年齢（歳）	36	45	50	55	60（定年）
第1子年齢（歳）	3	12	高校生	大学生	27（就職）
第2子年齢（歳）	1	10	翌年高校入学	大学生	25（就職）
年収	500	598	660	728	804
社会保険料・生命保険	84	96	102	114	120
所得税・住民税	0	0	27	37	84
可処分所得	416	502	531	577	600
住宅ローン	115	115	115	57	57
管理費・修繕積立金	24	24	24	24	24
固定資産税	11	14	12	10	8
生活費	180	197	207	217	171
養育費	60	60	130	200	0
貯蓄額	26	92	43	69	340
貯蓄残高	96	668	135	405	1272
ローン残高	2670	2159	912	723	0
一部償還			912		511

（金額の単位は万円）

て計算している．管理費は2万円/月（年24万円）として，初期余剰金は70万円であるので，毎年の貯蓄額を加え1%で運用しているとする．この仮定の下で，将来の収支を示したものが表9-4（p.128）である．

表9-4によれば，初年度から黒字となり貯蓄ができるモデルとなっている．ただし，2人の子供が高校以上になると教育費かさむことになるので，ローンの一部を期限前償還しなければ赤字になる可能性がある．

資産の運用利回りが住宅ローン金利より低い場合は，蓄えた資産で住宅ローンの一部を期限前償還したほうが有利であることは明らかである．また，フラット35の場合，期限前償還の違約金の支払い，手数料の支払いが必要ないので，このような選択は合理的である．

例えば，この設定したケースは15年目で累積貯蓄額が1,000万円を超える．また，第2子が翌年高校に入学するので，教育費が嵩むことになる．ここではボーナス時払いの住宅ローンの残高が912万円となっていたので，これを完済することができる．これを完済すると月賦払いの住宅ローンの残高912万円のみが残る．このとき貯蓄残高は135万円になる．住宅ローンは35年なので完済時の世帯主の年齢は70歳になり，すでに定年となっている．2人の子供が大学を卒業するとき，世帯主は58歳である．教育費がかからなくなると生活も楽になり，貯蓄も増加する．この想定だと60歳の定年時には1,500万円を超える貯蓄ができるので，定年後の生活を考えると，定年時に住宅ローンを完済したほうがよいことになる．

5．まとめ

住宅を購入する際は，購入時だけでなく，子供の成長に伴って教育費が増加することも踏まえて，人生のライフステージも考慮し，住宅ローンの返済が可能か，資金計画を検討することが必要である．

》注
1) 年間の償還率は年間の利息率＋元本返済率であるが，月賦による返済とボーナス時の返済を併用する場合，月賦償還率×12＋ボーナス時払いの償還率×2で計算される。
返済方法について住宅ローンは1960年代後半に元金均等返済から元利均等償還（後に説明）に変更された。
2) 従前，住宅金融公庫が全期間固定金利型住宅ローンを行っていたが，2007年に住宅金融支援機構となり自己居住用の直接融資をしていない。住宅金融公庫が住宅金融支援機構となって民間金融機関の全期間固定金利型住宅ローンを支援している。
3) 銀行が融資する際に，いちばん優遇された金利で，最優遇金利ともいう。
4) 軽減税率の適用：2011年4月1日から2012年3月31日まで13/1000，2012年4月1日から2013年3月31日まで15/1000。

学習課題

1. 住宅の価格を見てみよう。35年で返済する場合と，20年で返済する場合では，どれだけ返済金額が変わるだろうか。

◎資金計画に関する判例◎   小川清一郎

　住宅宅購入における資金計画は重要な要素である。契約でもその点を明確にすることが重要であることを示す事例である。

　XはYから土地建物を買い受けたが、万一融資が否認された場合、あるいは金融機関との金銭消費貸借に関する保証委託契約が成立しない場合、買い主は無条件で本件契約を解除することができるとするローン特約条項があった。Xが融資を受けようとした金融機関を保証する信用保証会社が当該土地建物の所有権移転に疑義を持ち、保証を拒否したので、結果としてXは当該金融機関から融資を受けることができなくなった。そこでXは本件土地建物の購入を断念して、Yに対してローン特約条項に基づき、本件売買契約を解除し、既払の手付金等の返還を求めたという事案である。他方、YはXが他の金融機関から融資を受ける努力をすべきなのに怠ったとして違約金等を求めて反訴に及んだ。

　裁判所は、Xが本件契約締結当初からローンの借入れは絶対に大丈夫だとの話があったとしても、本件売買契約において融資が否認された場合には買い主は無条件にて本件契約を解除することができる旨のローン特約がある以上、その適用期限までにローン特約を適用した解除はやむをえないことであり、またローン特約はこれがあることによって売買が促進されるという意味では売り主の利益も図ろうとするものといえ、売り主であるYが特約を付すことに同意したものである以上、Xがその要件を満たしてローン特約の適用により解除を主張することは信義則上許されないものとはいえないとして、Xのローン特約に基づく解除と既払の手付金等の返還を認めた。（東京地判平成8年8月23日判例時報1604号115頁）

10 | 不動産を相続する

中城康彦

《目標&ポイント》 太郎さんは不動産を相続することになっています。ほかの相続人とどのように財産を分け合うことができるのでしょうか。不動産の相続について基礎的な知識を理解しましょう。
《キーワード》 法定相続人，相続税，不動産鑑定評価，登記

1. 相続とは

不動産の相続を考える前に，日本の相続の仕組みを見てみよう。

(1) 相続の意味

所有者は，自由にその所有物を処分する権利を有し（民法206条），死後の財産の処分を生前に決定することができる（遺言の自由）。一方で，相続人の生活を守ることも必要で，一定の相続人には遺言に関わらず一定割合の相続財産を相続することが保証される。遺言がないときは，法律の規定により相続が行われることを基本とする（法定相続）。

相続の果たす役割には，ⅰ）被相続人の財産を相続人が承継することを認めて遺族の生活を保障する，ⅱ）被相続人の法律関係を覆すことによる取り引きの不安定化を防ぎ法律関係を安定させる，などがある。

(2) 相続人と法定相続分

相続は人の死亡によって開始する。死亡者を被相続人といい，その財

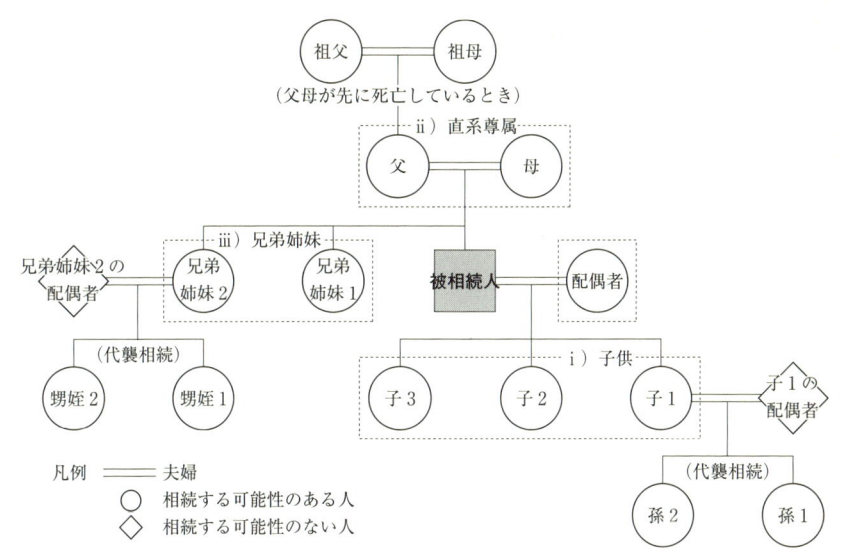

図 10-1　相続人の範囲

産を相続する者を相続人という。相続人は，被相続人の配偶者と，ⅰ）子供，ⅱ）直系尊属（父母，祖父母等），ⅲ）兄弟姉妹で（図 10-1 の　　内），これ以外の者は相続人になれない。配偶者は，生存している限り常に相続人となり，ⅰ）ⅱ）ⅲ）の順位で相続人となる。ただし，欠格事由に該当する場合は相続人になれない[1]。配偶者がいるときの相続分は表 10-1（p.134）のとおりである。

(3) 相続の承認・放棄

相続人は，被相続人の財産に関する一切の権利と義務を承継するが，自己のために相続の開始があったことを知ったときから3ヵ月以内に，単純承認，限定承認，放棄を家庭裁判所に申し述べて相続の承認や放棄ができる。単純承認は，無限に被相続人の権利と義務を承継する。3ヵ

表 10-1 相続の順位と相続割合

相続の順位		配偶者がいる場合		
		相続人	相続割合	同順位が複数の場合※
1	第一順位の子供が1人でもいれば，第二順位の直系尊属，第三順位の兄弟姉妹は相続人とならない	配偶者と子供	1：1 (1/2：1/2)	子供間で等分 子供が3人の場合 $1/2 \times 1/3 = 1/6$ (非嫡出子の例外)
2	第一順位の子供がいないときは，第二順位の直系尊属が相続人となり，第三順位の兄弟姉妹は相続人とならない	配偶者と直系尊属	2：1 (2/3：1/3)	直系尊属で等分 父母2人の場合 $1/3 \times 1/2 = 1/6$
3	第一順位の子供，第二順位の直系尊属がいないときに限り，第三順位の兄弟姉妹が相続人となる	配偶者と兄弟姉妹	3：1 (3/4：1/4)	兄弟姉妹で等分 兄弟姉妹が3人の場合 $1/4 \times 1/3 = 1/12$ (半血の兄弟の例外)

注）※配偶者以外の相続人1人あたりの相続割合

月以内に限定承認も放棄もしないときや相続財産の処分や消費をしたときは，単純承認と見なされる。限定承認は，相続で得た財産の限度においてのみ負債を弁済する[2]方法で，相続人が数人の場合の限定承認は，相続人全員で行う。被相続人の生前に相続を放棄することはできない。

(4) 相続人の不存在

被相続人が不存在の場合，特別縁故者は家庭裁判所に相続財産の全部，または一部の分与を請求できる。特別縁故者とは，内縁の妻や事実上の養子など被相続人と生計を同じくしていた者，療養看護に努めた者，その他の被相続人と特別の縁故があった者を指す。相続人が不存在の場合や特別縁故者に分与されなかった相続財産は，国庫に帰属する。

2. 相続する不動産の評価

相続で取得した財産の評価は，財産の種類によって法定の評価方法によるものと時価によるものとがある。不動産である土地や家屋は時価評価による。

(1) 財産評価基本通達による時価評価

相続税は納税者の申告に基づいて課税される税であり，納税者が評価すべきこととされるが，不動産は評価が困難であることと相続税の課税の適正化のために，財産評価基本通達[3]が定められており，通常は，これに基づいて評価する。土地は，宅地・田・畑・山林・原野・牧場・池沼・鉱泉地・雑種地それぞれに基準が設けられている。

①宅地の評価

宅地の価格は，所有者が自分で利用できる土地か，他人の権利が設定されていて，所有者が自由に使うことができない土地かで経済価値が異なる。他人の権利が設定されておらず，所有者が自分で利用できる土地を相続税では自用地という。自用地には，更地や自宅が建っている土地が含まれる。

自用地の評価は，路線価方式か倍率方式（固定資産税評価額に一定の倍率を乗ずる方式）のいずれかによる。路線価方式は市街地の宅地に，倍率方式はその他の地域で用いられる。路線価方式は宅地の面する路線（道路または水路）に面して地域の標準的な規模と形状の宅地があった場合の実勢価格（≒地価公示価格）の80％を路線価として付し，奥行価格補正，側方路線影響加算，不整形地補正など宅地のもつ個別的な価格形成要因の修正を行って，土地価格を求める方法である。

借地権の評価は自用地の価額に規定の割合を乗じて計算し[4]，貸地の

評価は自用地の価額から借地権の価額を差し引いて求める[5]。

②家屋の評価

家屋は固定資産税評価額をそのまま相続税の評価額として利用する。

(2) 不動産鑑定評価による時価評価

相続財産の評価は一般に財産評価基本通達に基づいて行われるが，評価結果が必ずしも時価を反映しないことがある。統一的な評価方法では個別性が高い不動産の実態を十分反映できないケースがあるためである。また，相続人がより精緻な評価に基づいて遺産分割をしたいと考えることがある。このような場合に不動産鑑定評価によることがある。不動産鑑定評価は不動産鑑定士が行うもので，対象不動産の個別性を適切に反映した評価が期待できる。財産評価基本通達では適切な時価評価が困難な場合，これに代わる時価評価手法として相続税申告に利用することも可能である。

①不動産鑑定評価基準

不動産鑑定評価は，不動産の鑑定評価に関する法律（1963年公布）に基づき，評価対象不動産の経済価値を判定して金額で表示する。不動産鑑定評価基準に基づいて行い，不動産のもつ，費用性，収益性，市場性の3面性に対応する鑑定評価の3方式を用いる（表10-2）。

表10-2 価格の3面性と鑑定評価の3方式

	原価方式	収益方式	比較方式
価格側面	費用性	収益性	市場性
価格接近	コスト・アプローチ	インカム・アプローチ	マーケット・アプローチ
価格評価	原価法（積算価格）	収益還元法（収益価格）	取引事例比較法（比準価格）
賃料評価	積算法（積算賃料）	収益分析法（収益賃料）	賃貸事例比較法（比準賃料）
特徴	供給者サイド	需要者サイド	需給均衡

②コスト・アプローチ―原価法による積算価格

　原価法は，不動産の費用性に着目する方法で，価格時点における再調達原価を求め，これに減価修正を行って積算価格を求める。

　再調達原価は，対象不動産を価格時点において再調達することを想定した場合に必要となる原価の総額である。減価修正は，減価の要因がもたらす減価額を再調達原価から控除するもので，物理的要因，機能的要因，経済的要因を総合し，耐用年数に基づく方法と観察減価法を併用して査定する。原価法は供給者サイドの観点に立つ価格である。

③インカム・アプローチ―収益還元法による収益価格

　収益還元法は，対象不動産が将来生み出すであろうと期待される純収益の現在価値の総和を求めるものである。手順は，ⅰ）将来予想される総収益から総費用を控除して純収益を求め，ⅱ）純収益に複利現価率を乗じて現在価値に換算し，ⅲ）それを合計する。これをグラフで示すと

注1) $\frac{1}{(1+r)^n}$：複利現価率

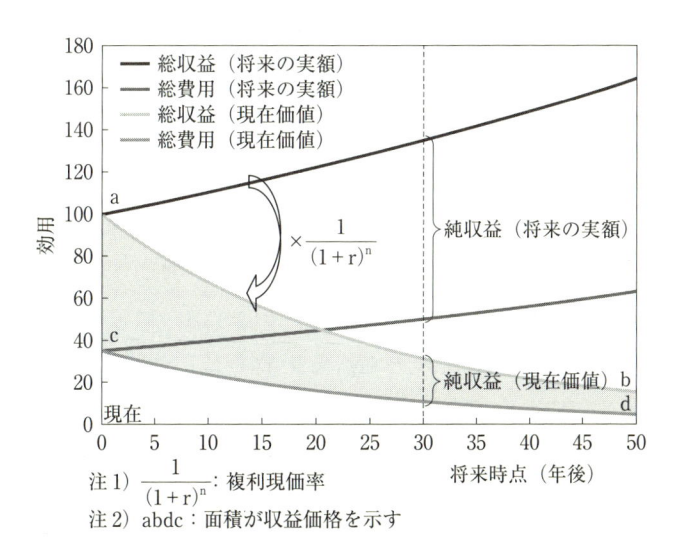

注2) abdc：面積が収益価格を示す

図10-2　収益還元法のイメージ図
（掲載：市ヶ谷出版社『住まい・建築のための不動産学入門』より）

表10-3 収益還元式のバリエーション

定義	将来生み出すであろうと期待される純収益の現在価値の総和
基本式	$P = \sum_{i=1}^{\infty} \left[a_i \times \dfrac{1}{(1+r)^i} \right]$ 　　a_i：各期の純収益　　r：割引率
応用式10-1 (永久還元方式)	前提：1) 純収益を一定とする　2) 純収益は永続する $P = \dfrac{a}{1+r} + \dfrac{a}{(1+r)^2} + \dfrac{a}{(1+r)^3} + \cdots + \dfrac{a}{(1+r)^n} \cdots \xrightarrow{\text{変形}}$ $P = a \times \dfrac{1}{r}$
応用式10-2 (有期還元方式)	前提：1) 純収益を一定とする　2) 純収益は一定期間継続する $P = \dfrac{a}{1+r} + \dfrac{a}{(1+r)^2} + \dfrac{a}{(1+r)^3} + \cdots + \dfrac{a}{(1+r)^n} \xrightarrow{\text{変形}}$ $P = a \times \dfrac{\{(1+r)^n - 1\}}{r(1+r)^n}$

図10-2 (p.137) のとおりであり，式で示すと表10-3の基本式のとおりである。

　基本式に対し，安定的な経営状態を想定して純収益が毎年一定としたうえで，永久期間の価格を求める査定式は表10-3の応用式10-1，一定期間の査定式は応用式10-2のように簡便化することができる。収益価格は需要者サイドの観点に立つ価格である。

④マーケット・アプローチ——取引事例比較法による比準価格

　取引事例比較法は，多数の取引事例を収集して適切な事例の選択を行い，取引価格に事情補正及び時点修正，地域要因の格差修正及び個別的要因の格差修正を行って求めた価格を比較考量して試算価格を求める。比準価格は需給均衡の観点に立つ価格である。

3. 相続税

　不動産を相続した場合に相続税がかかってくる。

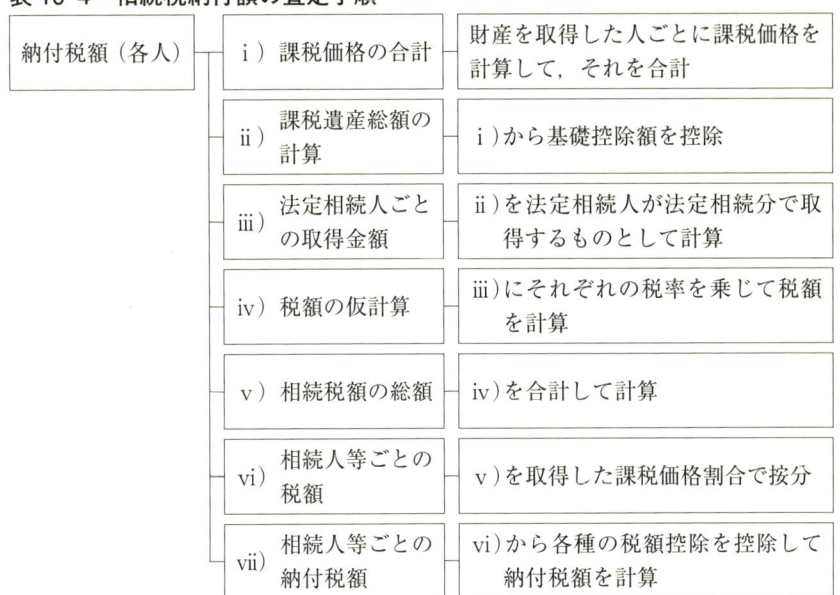

表10-4 相続税納付額の査定手順

納付税額（各人）	i) 課税価格の合計	財産を取得した人ごとに課税価格を計算して，それを合計
	ii) 課税遺産総額の計算	i) から基礎控除額を控除
	iii) 法定相続人ごとの取得金額	ii) を法定相続人が法定相続分で取得するものとして計算
	iv) 税額の仮計算	iii) にそれぞれの税率を乗じて税額を計算
	v) 相続税額の総額	iv) を合計して計算
	vi) 相続人等ごとの税額	v) を取得した課税価格割合で按分
	vii) 相続人等ごとの納付税額	vi) から各種の税額控除を控除して納付税額を計算

(1) 税額の計算と納付

　相続税は国税で，1950年の改正により，遺産自体に着目して課税する遺産税方式から，相続人が遺産を取得した事実に着目して課税する遺産取得税方式に変更された。各相続人等が納付する税額の計算手順は表10-4のとおりである。

　納税義務者は，相続等の開始を知った日の翌日から10ヵ月以内に，相続税を納付する。申告期限までに遺産分割できないときは，法定相続分か包括遺贈の割合で分割したものとして納付する。納付について金銭納付が困難な場合の延納，延納によっても金銭納付が困難な場合の物納の制度などがある。相続税額は，不動産価格の状況や基礎控除額の設定方法などによって異なるが，平成20年に被相続人のうち課税対象と

表 10-5　遺産分割の順位

遺産分割の順番		
	1) 指定分割	遺言により指定された分割方法による
	2) 協議分割	共同相続人の協議による
	3) 調停分割	審判分割に先立って家庭裁判所が試みる
	4) 審判分割	相続人の申し立てにより家庭裁判所が分割

表 10-6　遺産分割の方法

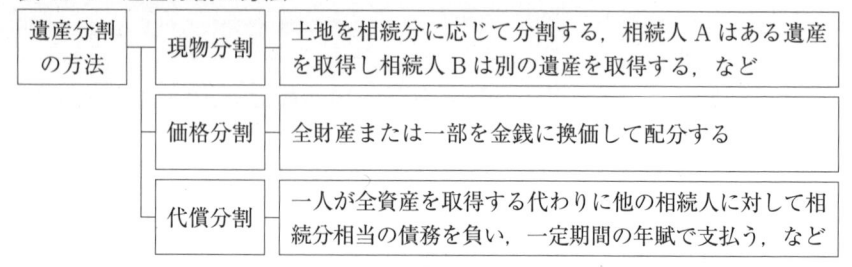

遺産分割の方法		
	現物分割	土地を相続分に応じて分割する，相続人Aはある遺産を取得し相続人Bは別の遺産を取得する，など
	価格分割	全財産または一部を金銭に換価して配分する
	代償分割	一人が全資産を取得する代わりに他の相続人に対して相続分相当の債務を負い，一定期間の年賦で支払う，など

なった人の割合は 4.2％である。また配偶者は法定相続分以内であれば，税金がかからないなどの配慮がされる。

(2) 相続財産の分割

相続財産は分割が決まるまで相続人が共有し，分割により各人が取得する。遺産分割の優先順位は，表 10-5 の順で，分割の方法は表 10-6 のとおりである。

(3) 相続税の節税とリスク

不動産の取得，保有，譲渡，貸し付け，贈与，相続などに対して課税される。相続税を節税する目的で生前より借入金によるアパートの建設・経営をすることがあるが，税制との関係で以下のように整理できる。

住宅用地では，1戸当たりの土地面積が200m²以下のことがほとんどで，固定資産の，課税標準が1/6に減額される。不動産取得税は，新築住宅について1戸あたり評価額から一定額が控除され，税額が0となるものがある。所得税では減価償却により，キャッシュアウトしない非課

表 10-7　アパート建設と税制

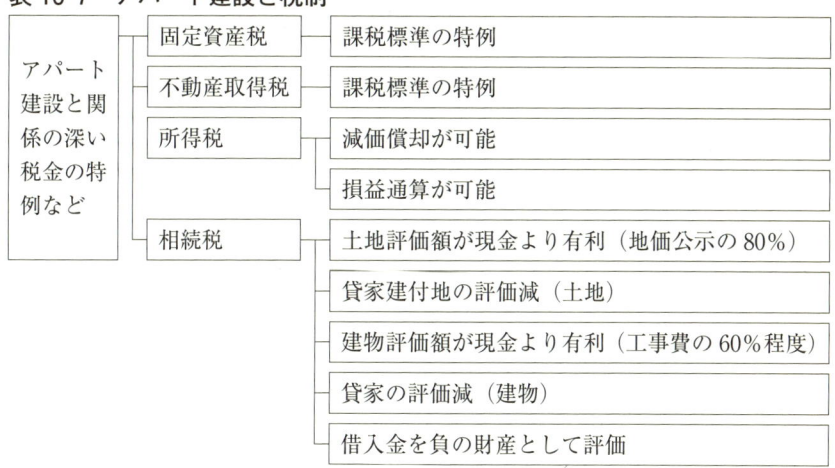

アパート建設と関係の深い税金の特例など	固定資産税	課税標準の特例
	不動産取得税	課税標準の特例
	所得税	減価償却が可能
		損益通算が可能
	相続税	土地評価額が現金より有利（地価公示の80％）
		貸家建付地の評価減（土地）
		建物評価額が現金より有利（工事費の60％程度）
		貸家の評価減（建物）
		借入金を負の財産として評価

・貸家として評価
・自用の建物の価格×(1－借家権割合)
・借家権割合30％の場合，自用の建物より30％の評価減

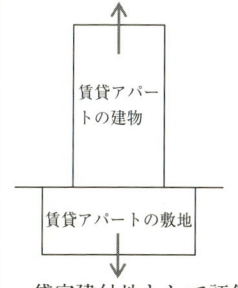

賃貸アパートの建物

賃貸アパートの敷地

・貸家建付地として評価
・自用地の価格×{1－(借地権割合×借家権割合)}
・借地権割合60％，借家権割合30％の場合，自用地より18％の評価減

図 10-3　賃貸建物経営の場合の相続税の評価減
（掲載：市ヶ谷出版社『住まい・建築のための不動産学入門』より）

税の費用が認められる，不動産所得の損失を他の所得と損益通算できるなどの取り扱いとなる。相続税では，土地は貸家建付地として，更地の評価額×(1－借地権割合×借家権割合)で評価し，自用地より15%～20%程度安くなる。建物は貸家として，建物の固定資産税評価額×(1－借家権割合)で評価し，30%安く評価する（図10-3 p.141）。また，建設費に対する借入金が相続税の課税価格から控除できる。

相続時の節税を達成したあとも，借入金の返済は存続する。経営が不調で借入金の返済が滞ると，抵当権者が抵当権を実行する。抵当権は抵当権者が強制的に不動産を売却して融資金を回収する権利である。競落により競落人が新たに所有者となり，抵当権設定者は土地と建物の所有権を失う（図10-4）。このように過大な借入金による賃貸経営にはリスクも伴う。

4．不動産の登記

相続財産は遺産分割協議で確定した者が取得する。相続により所有権が被相続人から取得者に移転するが，不動産に関する物権の得喪及び変更は，不動産登記法ほかの定めるところに従いその登記をしなければ，

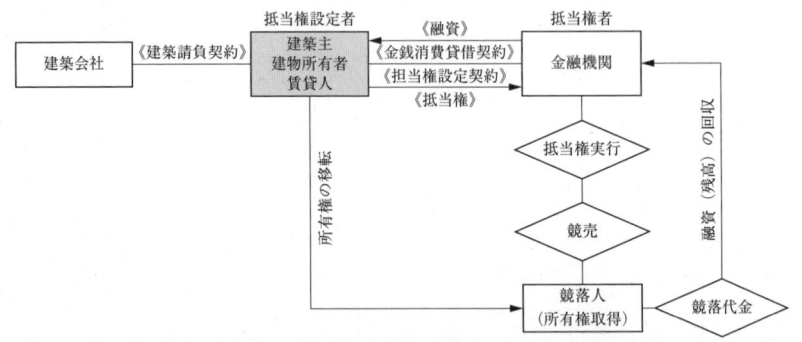

図10-4　抵当権の仕組み（建築資金の融資を受けた場合）

表 10-8　不動産登記簿の構成

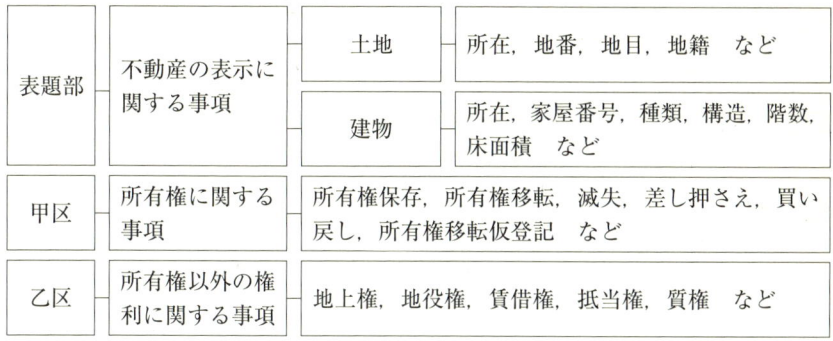

表題部	不動産の表示に関する事項	土地	所在，地番，地目，地籍　など
		建物	所在，家屋番号，種類，構造，階数，床面積　など
甲区	所有権に関する事項	所有権保存，所有権移転，滅失，差し押さえ，買い戻し，所有権移転仮登記　など	
乙区	所有権以外の権利に関する事項	地上権，地役権，賃借権，抵当権，質権　など	

第三者に対抗することができない（民法 177 条）。すなわち，不動産の権利について第三者と争いがあった場合に，みずからの権利を主張して負けないためには権利の登記が必要[6]である（第三者対抗力）。

　不動産の登記には表示の登記と権利の登記がある。表示の登記は，表題部に不動産の物理的状況を公示する。申請義務がある一方，登録免許税は非課税である。ただし，表示登記には対抗力はない。土地の登記は筆を単位として一筆ごとに行うため，相続により一筆の土地を数筆に分割する場合は，表示の登記から行う必要がある。表示の登録は土地家屋調査士に依頼して行う。

　権利の登記は，権利関係を公示するもので，登録免許税が課税される。権利部はさらに甲区と乙区に分かれ，甲区には所有権に関する事項が，乙区には所有権以外の権利を登記する。

　権利の登記は対抗力を備えるために行うが，登記が義務付けられているわけではなく，第三者対抗力を備える必要がない場合などでは登記を行わないこともある。この結果，登記内容と真実の権利者が異なることもある。わが国の登記制度は，登記簿の記載が真実の権利関係に合致している蓋然性が高いことを示す（公示力がある）ものの，登記簿上の権

利者を真実の権利者として信じて取り引きした者が，そのとおりの権利を取得することを法律上保護するものではない（公信力はない）。不動産を購入する場合などにあっては，登記簿の記載内容を鵜呑みにすることはできないことに注意する必要がある。

登記簿は土地登記簿と建物登記簿がある。相続で不動産を取得した場合は，それぞれの登記簿に，所有権移転等の登記をすることで第三者対抗力を備えることができる。権利の登記は司法書士に依頼して行う。

5. まとめ

相続により世代を超えて資産が承継される。不動産は価格評価が難しい，自由に分割すると経済価値を失うといった特徴がある。生活者は不動産の知識を身につけることで，適切な資産承継を行うことができる。

》注
1) 子及び兄弟姉妹には代襲（だいしゅうそうぞく）相続が認められ，これらの者の子が相続することもある。
2) 3ヵ月以内に相続財産の目録を作成し，債権者などに公告等を行う。
3) 相続税，贈与税を計算する際に，対象財産の価額評価基準として国税庁が定めている。
4) 普通借地権の場合。期間のある利用権の価値は，残存期間が短くなるほど価値が下落するのが原則であるが，普通借地権は借地人が継続利用を希望する場合，一般に契約の更新や建て替えが認められるため，永久に利用できる権利に準じて評価する。
5) この結果，借地権の価格と貸地（借地権を設定した土地の所有権）の価格を合計すると100％（＝更地もしくは自用地の価格）となる。これは相続税の課税のための便宜的な方法であり，実際の不動産取引市場では必ずしもこの式は成立しない。
6) 建物賃借権，永小作権など，登記がなくても第三者対抗力が認められる場合がある。

学習課題

1. 不動産が実際に取り引きされる価格と課税のための評価額が異なるのはなぜか。考えてみよう。
2. 相続によって不動産を取得するメリットとデメリットを考えてみよう。

❂不動産の相続に関する判例❂ 小川清一郎

　遺言により被相続人の妻Aが本件不動産を単独で相続承継したにも関わらず，Aの子である共同相続人Yが法定相続分による共同相続登記をA死亡後に経由した。そのため，Aの遺言執行者XがYに対して，Aが単独相続したことを原因とするAへの所有権ないし持分全部移転登記に更正登記手続することを求めたのに対して，Yが遺留分減殺請求権を行使したうえで，前記の登記は遺留分を侵害された限度においては実体的権利関係に符合しているので，抹消することはできないと抗弁した事案である。

　裁判所は，Yが法定相続分による共同相続登記をしたことはAの遺言の執行を困難ならしめるためになしたもので，Aの遺言執行者Xに対する不法行為に該当するとした。さらに，不動産登記は本来，実体的権利変動の態様や過程を忠実に反映して公示すべきものであり，この見地からは，必ずしも実体的な権利を有しなくとも登記手続請求権が認められるべき場合があり，本件不動産については，Aが単独相続したことを原因とするAへの所有権等の移転登記が経由されるべきであり，AはいったんYに対し更正登記手続請求権を取得したのだから，Aの更正登記手続請求に対し，Yが遺留分減殺請求権を行使したことにより一部持分を取得したことは抗弁とはならない。すなわち，不動産を単独相続した相続人が，法定共同相続登記を単独相続登記に更正登記手続を求めたのに対し，他の相続人は，遺留分減殺請求権を行使したことにより一部持分を取得したことを抗弁として主張することはできない，とした。（東京高判平成16年9月7日判例時報1876号26頁）

11 | ストックを活用する

中城康彦・齊藤広子

《**目標&ポイント**》 太郎さんはお母さんから単身者用アパートと3LDKのマンションを相続する予定です。そのアパートは古く,空き室が多いのです。狭い,間取りが古い,設備が古いなど,どうも時代に合っていないようです。時代のニーズに合致したものに改修するための基礎的な知識を学びましょう。
《**キーワード**》 心々寸法,間取り,専用部分,改修

1. 住宅の広さ

「住宅が狭い」というが,そもそも住宅の広さはどのように測るのだろうか。

(1) 心々寸法と内法寸法

住宅の広さを示す面積の測り方は1つではない。建築基準法でいう「面積」は心々寸法で計算する(図11-1 p.148)。心々寸法とは柱や壁の中心線を想定し,中心線相互間の長さで面積を計算する方法である。

かつて,住宅は内法寸法を基準として造られていた。内法寸法とは,柱と柱との内側の距離を測る方法である。内法寸法の場合,部屋の内側の寸法を優先するので,どの部屋でも,どの家でも畳や襖・障子の大きさが同じとなる(図11-2 p.148)。

(2) 面積の表示の仕方

わが国ではメートル法を採用しており，面積は平方メートル（$1m^2 = 1m \times 1m$）で表示する。一方で，慣行的に坪（1坪＝1間×1間）を用いることもある。1坪は畳2枚分の広さで，一般に1間＝1,820mmである（図11-1）。910mm×910mm（畳半分大）は座るために，910mm×1,820mm

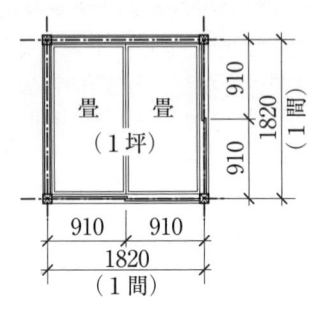

図11-1　坪と間
図面では一般に1間＝1,820mmと表記するが正確には1間＝1,818,1818…mm で面積換算は1坪＝3,305785m^2（$1m^2$＝0.3025坪）で行う。

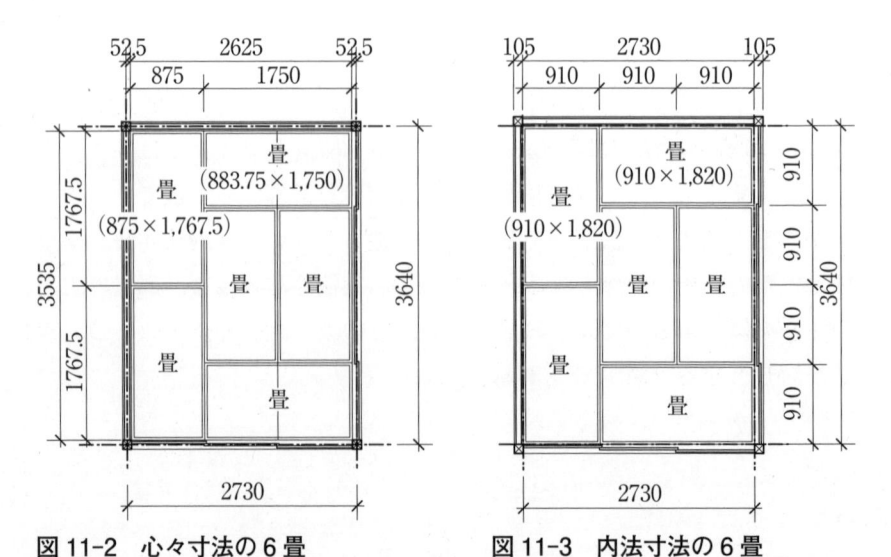

図11-2　心々寸法の6畳　　　**図11-3　内法寸法の6畳**

（掲載：（公社）全国宅地建物取引業協会連合会『リアルパートナー』2011年9月「空間を組み立てるモジュールを理解する」より）

（畳大）は寝るために必要な広さで，「坪」や「間」は人体の大きさと関係が深い。しかし，公文書で坪や間だけの表示は認められていないため，メートルや平方メートルと併記することになっている。売買契約書や不動産広告も同様である。なお，マンションの専有部分は広告では心々面積のことが多く，登記は内法面積である。

(3) 居住面積の水準

どの程度であればゆとりのある面積といえるのか。一つの目安として居住水準の考え方がある。わが国の居住政策の一つとして最低居住水準，誘導居住水準が示され，戸建て住宅用として一般型，マンション用として都市居住型がある。ここでは，学生用の単身アパートでも最低 $25m^2$，誘導居住水準では $40m^2$ となっている。

表 11-1 居住面積水準

			世帯人数別の面積(例) （単位：m^2)			
			単身	2人	3人	4人
最低居住面積水準	世帯人数に応じて，健康で文化的な住生活の基礎として必要不可欠な住宅の面積に関する水準（すべての世帯の達成を目指す）		25	30 【30】	40 【35】	50 【45】
誘導居住面積水準	世帯の人数に応じて，豊かな住生活の実現の前提として，多様なライフスタイルを想定した場合に必要と考えられる住宅の面積に関する水準	〈都市居住型〉都心とその周辺での共同住宅居住を想定	40	55 【55】	75 【65】	95 【85】
		〈一般型〉郊外や都市部以外での戸建住宅居住を想定	55	75 【75】	100 【87.5】	125 【112.5】

【　】内は，3〜5歳児が1名いる場合

2. 住宅の間取り

「間取りが古い」とはどんなことだろうか。和室，DKなどは，古い間取りとなり，新しい住宅ではあまり採用されなくなった。では，間取りはどんなふうに変遷してきたのか。

(1) 間取りの変遷

第二次世界大戦後の420万戸の住宅不足やその後の人口増加による住宅需要の増大に対して公共住宅が大きな役割を果たした。公営住宅法（1951年）により開発された51C型は，食寝分離のDK，寝室の独立性のための各室の押し入れ，寝室間を隔離する壁，行水ができる場所等に特徴のある2DKであった（図11-4）。

1950年創設の日本住宅公団は大規模に団地建設を行った。当初は浴室のある2DKが大量に供給され（図11-5），1967年にはLDK（リビングダイニングキッチン）を標準設計に加えた（図11-6 p.151）。住戸規模は次第に拡大したが，居室はもとより，浴室，便所などの水回りも自

図11-4　公営住宅標準設計51C型
　　　　（昭和26年 2DK40.2m^2）
（掲載：有斐閣『住宅問題講座6 住宅計画』より）

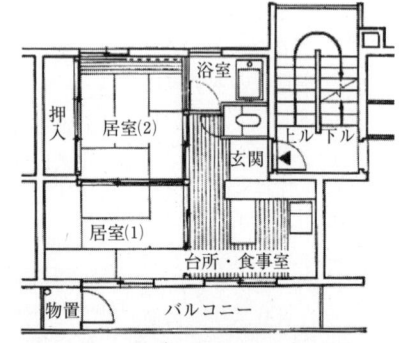

図11-5　公団の平面図 2DK型
　　　　（昭和30年 2DK42.9m^2）

然採光と自然換気が必要で，各室を外壁側に配置したため，南面3室となっていた（図11-6）。

その後，ガス給湯器，ユニットバスの開発，機械換気の進歩などにより，採光が義務づけられない水回りを住戸の中心に配置することが可能となったことを受けて，再び南面2室型を採用するようになった（図11-7　フロンテージセーブ型）。こうしたプランが公的住宅，民間住宅を問わず，一般化した。

(2) 間取りが生まれる経済的理由

一戸建ての住宅の形状は伝統的に，東西方向が長く，南北方向が短い長方形である。日照が多くとれる南に面して部屋をなるだけ多く並べ，住宅の快適性を高めようとするからである。これに対して共同住宅の住戸形状は，南北方向が長く，東西方向が短い，「ウナギの寝床」型が多い。

図11-6　公団住宅標準設計（昭和43年3L・DK）
（掲載：有斐閣『住宅問題講座6　住宅計画』より）

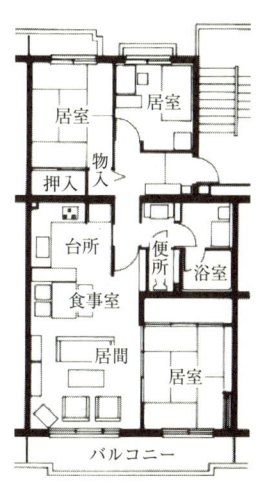

図11-7　公団住宅（3LDK 88汎用プラン）
（掲載：市ヶ谷出版社『建築計画・設計シリーズ5　中層集合住宅』より）

住戸間口を狭くすることで，収容できる住戸数を多くすることが可能となる。図 11-8 が示すように，ある敷地において，東西方向が長い住戸と短い住戸を比較すると，東西方向が短い住戸の方が，より多く収容

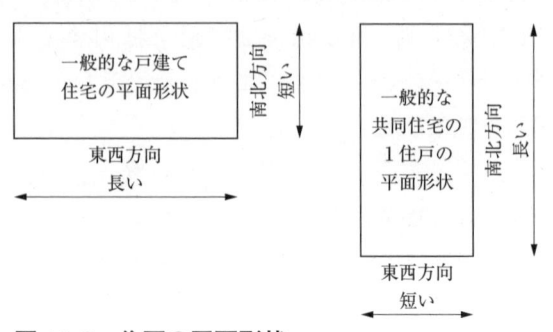

図 11-8　住戸の平面形状

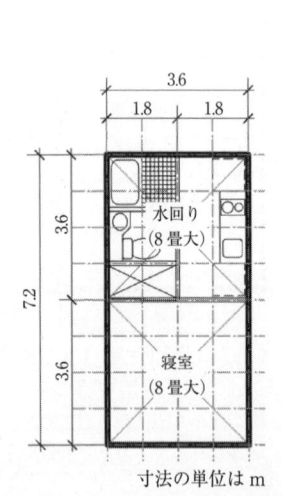

図 11-9　1K 住戸の基本構成

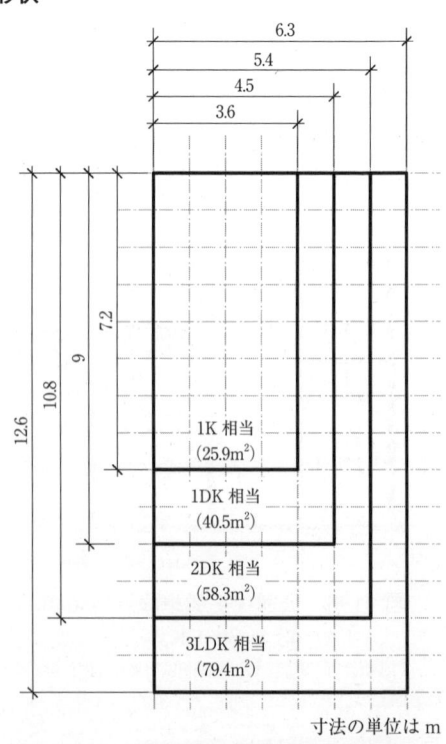

図 11-10　共同住宅の住戸形状と規模

できる（間口：奥行＝1：2であれば，住戸数は2倍）。間口が広く快適性が高い住宅は販売価格や賃料は高くなるが，2倍まで高くすることはできない。この結果，間口の狭い住戸を多く収容して売上げの増大を図ることになる。このため3LDK住戸では，2つの寝室は北側に配置し，日照を断念することになる。なお，共同住宅の住戸の間口と奥行の関係は，1Kから3LDKまで1：2程度のことが多い（図11-9, 11-10 p.152）。

3. 間取りの変更

不動産広告で，4つの部屋があるのに，「3部屋＋納戸」などの表示がされていることがある。この納戸とは何だろう。間取りはどんなふうにでも変えることができるのだろうか。

(1) 法規上の課題：居室の採光

広告などで部屋の数に含めるには「居室」の条件を満たしている必要がある。建築基準法では，住宅の居室には床面積の1/7以上の採光に有効な開口部を設けなければならない（建築基準法28条）としている。この場合の居室とは，居住，執務，作業その他これらに類する目的のために継続的に使用する室をいい，住宅の場合は，リビング，ダイニング，寝室などが該当する。子供室，客間，書斎など，部屋の名称にかかわらず常時生活する部屋であれば居室に該当し，トイレ，浴室，洗面所，納戸，専用のキッチンなどは該当しない。

居室の採光は居室ごとに確保する必要があり，3LDKでは，3部屋とリビングダイニングの4室に採光が必要となる。採光とは「明かり」が採れればよく，「日照」つまり「太陽が当たる」ことではない。採光に有効な開口部は，向きは関係なく中庭に面していてもかまわない。採光が確保できない部屋については，居室として利用できると認識されない

ようにする。

　同じ 3LDK でも大きく 3 つのタイプがある（図 11-11）。タイプ 1 は 4 部屋とも窓が取れる位置にあり，現在最も一般的である。タイプ 2 はリビングダイニングの快適性を重視したもので，近年台頭している。このタイプは部屋 3 に，2 室採光の規定[1] を利用しており，リビングダイ

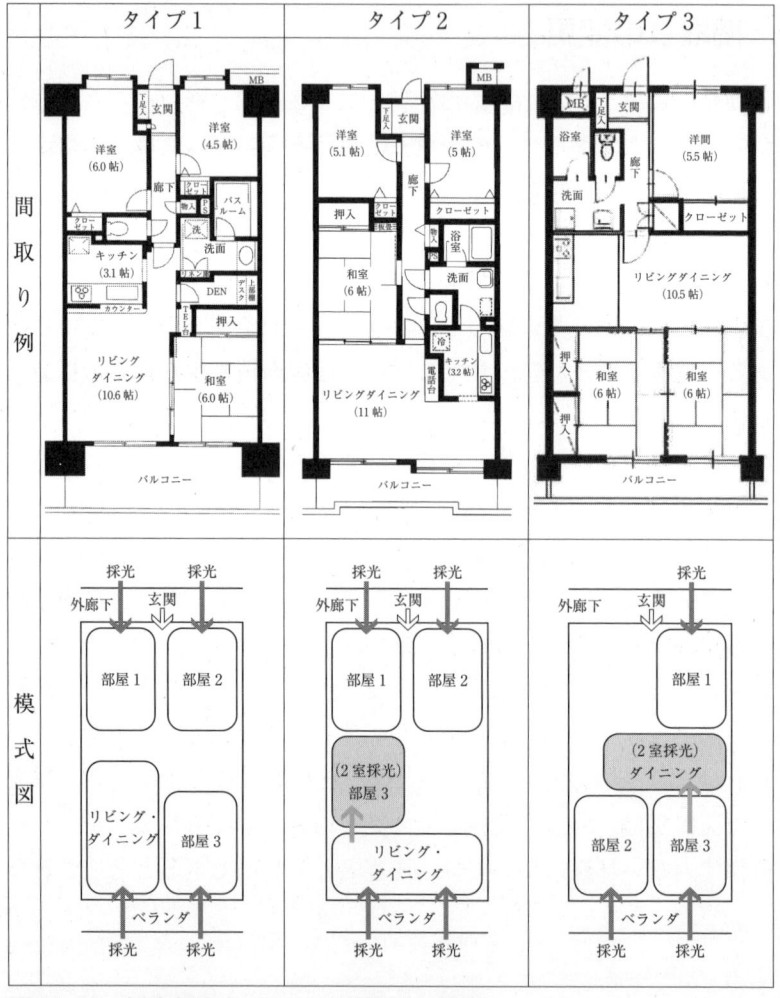

図 11-11　採光規定と 3LDK の間取りの類型

ニングとの間の間仕切りを襖，障子その他随時開放することができるものとすることが基本である。タイプ3は南面2室タイプであるが，ダイニングについて2室採光に合致させる必要がある。今日ではこのタイプが新規に供給されることは稀で，3タイプの中で「古いタイプの間取り」である。

(2) 構造上留意点

　ラーメン構造の建物では住戸内に耐力壁などを配置することは稀であるが，壁式構造の場合は，耐力壁が配置されていることも多い。耐力壁は撤去できないのでリフォームでは注意する。いずれの構造でも内装を撤去するときには共用部分である戸境壁(こざかいかべ)や床スラブを傷つけないようにする。新しい内装をつくる場合でも同様な配慮が必要である。

　区分所有のマンションで隣の住戸や上下の住戸を買い増し，壁や床を抜いて1住戸にすることは，戸境壁やスラブ床は共用部分である，構造耐力上の支障が発生する可能性があることより，区分所有者が勝手に行うことはできない。

(3) 生活上の配慮

　共同住宅で間取りを変更する工事は，共用部分，専用部分共に居住者の生活に影響を与える。ゆえに，リフォーム工事のルールが必要である。工事時間，資材置き場，休憩場所を決める，工事車両の駐車スペースを確保する，共用部分を養生する等である。

　区分所有のマンションでは，法律の規定とは別にマンション内で住戸の改修・リフォームのルールがあることが多い。専用部分のリフォームによるトラブル防止のルールには次のものがある。

　1つ目は，リフォーム内容である。どんなリフォームが可能なのか，

例えばフローリングが可能として，騒音問題を避けるために衝撃音の遮音等級 L 値を定めるなどがある。階下等への配慮である。

　2つ目は，リフォーム実施のルールである。近隣住戸の承諾を得る，工事内容がわかる図面を付けて管理組合に届け出て，理事会が承認するなどである。近隣住戸への配慮とともに，構造上問題のある工事を予防するためである。

(4) マンションの専有部分と専用部分の違い

　区分所有のマンションにおいて，自分が買ったマンションだから自由にしたい。バルコニーを囲って部屋にすることはできるのだろうか。

　バルコニーは専用部分であるが，専有部分ではない。専用部分と専有部分とは異なる観念である。専有部分とは，区分所有者が所有している部分である。一方，専用部分とは，区分所有者が専用に利用できる部分で，必ずしも専有部分とは限らない。バルコニーは通常，共用部分であるが，そのバルコニーに面した専用部分の区分所有者が専用使用することが認められた部分である。ゆえに，勝手に取り壊し，あるいは囲んで部屋にすることはできない。共用部分は，その用法に従って使用することができる（区分所有法13条）が，ここを部屋にすることは通常の用法とはいえない。

　バルコニーは，一般に避難経路としても使用される。したがって，大

表11-2　マンション標準管理規約におけるバルコニーなどの専用使用権

専用使用部分	位置	専用使用権者
バルコニー	各住戸に接するバルコニー	当該専有部分の区分所有者
玄関扉 窓枠 窓ガラス	各住戸で利用する玄関扉，窓枠，窓ガラス	当該専有部分の区分所有者

きな棚をつくって通行できなくすることも避ける必要がある。バルコニー以外では玄関扉，窓ガラス，1階住戸に面する庭，屋上テラスなどの部分は，一般にその住戸の区分所有者が専用使用権をもっている。専用使用権の内容は規約で規定する。防犯目的とはいえ，玄関ドアを勝手に2重ロックにすることはできない。

　窓ガラスも共用部分であり，窓枠はもとよりガラスについても勝手に色付きに変更する等はできない。しかし，不注意で割ってしまった場合は，各区分所有者の責任で復旧することになる。もとより，各住戸に付随する窓枠，窓ガラス，玄関扉その他の開口部に関わる改良工事等（防犯，防音，断熱など，住宅性能の向上のために実施）は，他の共用部分と同様，管理組合がその責任と負担で，計画修繕として取り組む。こうして，共用部分の改良は管理組合が，専有部分の保全は区分所有者が行うことが原則となる。

4．共用部分の改修

　共用部分の改修はどうだろうか。どんな課題があるのか。

(1) 法規上の課題

　共用部分の改修で法規上の制限がある。壁，扉，シャッター，柱等の中心線で囲まれた部分の面積を床面積といい，床面積の合計を延べ面積という。延べ面積は容積率制限により制限を受ける。壁等に囲まれていない屋外廊下は「吹きさらしの廊下」として，外気に有効に開放されている部分の高さが1.1m以上，かつ，天井の高さの1/2以上である場合は，幅2mまでは床面積に算入しない。ベランダや屋外階段も同様の扱いとなる。床面積に入らない場合は，容積率にも入らないため，わが国では屋外廊下や屋外階段を用いた建物が多い。これらの部分を壁で囲う

と床面積や容積率に含まれるだけでなく，原則として増築の建築確認が必要となる。

　建築基準法改正（1997年）により，床面積に含まれる共同住宅の共用廊下，階段，エントランスホール，エレベーターホールでも容積率に算入しないこととなった。老朽化したマンションの建て替え促進を狙ったもので，改正前に建築されたマンションでは当該床面積分だけ，容積率にゆとりが出ており，その部分を有効に利用することもできる。また，容積率上は屋外廊下を屋内廊下に改修して建物の品等を高めることも可能である。

(2) 構造上の留意点

　ベランダや屋外の共用廊下は，柱から外側に持ち出す片持梁（かたもちばり）や片持スラブで支えられていることが多い。この方法は両側を柱で支えられた場合と比較して安定性に劣る。片持梁や片持スラブの先端部分の上部に壁を追加したり，重量物を乗せることは構造的な不安定さを増加させる要因で，場合によっては先端が垂れ下がる危険性もある。

　耐震診断を行って耐震改修する場合，区分所有のマンションでは改修方法によっては特定の区分所有者に重大な影響を及ぼす可能性があり，合意形成が重要となる。

(3) マンションの場合

　区分所有のマンションでは，大規模な修繕の実施は総会での過半数，大規模な改善工事を伴う場合は3/4以上の賛成が必要である。しかし，後者でも，「建物の基本的構造部分の加工を伴わずに，階段にスロープを併設したり，手すりを追加する工事」「オートロックの設備を設置する際，配線を空き管路内に通したり，建物の外周に敷設したりするなど，

共用部分の加工の程度が小さい場合」などは，過半数決議で行うことができる（第5章 p.65 参照）。

5. まとめ

　建築の技術は進んでいるが，それを活かし，普及させるための不動産制度が充分とはいえないことがストック活用推進のための課題である。第一に，改修の計画や実施に必要な新築，修繕・再生の内容を示す情報（住宅履歴情報【いえかるて】）がない。第二に，改修しても不動産表示の新築後○年という表示は変えられず，市場で評価されにくい。第三に，古い建物に対する融資が困難である。第四に，賃貸住宅の借り主が追加投資して価値を高めても，その部分の所有権が認められない。第五に，ストックを有効に活用するための建築や不動産に精通した人材が不足している。そして，なによりも生活者自身が新築後年数によらず，性能のよい物をよいと見極める力が必要である。そのための消費者教育も含め，ストックを活用しやすい環境づくりが必要である。

》》 注
1) 襖，障子，その他随時開放することができるもので仕切られた2室は，（中略）1室とみなす（建築基準法28条4項）。

学習課題

1. 住宅広告を見てみよう。広さや間取りは，住宅の立地や価格によってどうちがうだろうか。
2. 既存ストックの利用を円滑に進めるための方策にはどのようなものがあるだろうか。

❋ストックの活用に関する判例❋　　　　　　　　　　　　小川清一郎

　不動産のストック活用は重要であるが，法やルールに従わないものは問題であり，元の状態に復帰することが求められた事例である。
　Xは，京都市上京区内にあるAマンションの区分所有者全員で構成する管理組合であるが，同マンション402号室の区分所有者であるYらが，無断でバルコニーにサンルームを設置したり，避難梯子そばの共用部分に屋外空調機を設置したとし，Yらに対し，同マンションの規約（29条：各区分所有者及び代理占有者は，バルコニーに建造物，構築物等を建設又は設置し，バルコニーを改造，改良を加えることを禁止している。31条：各区分所有者又は管理者は違反行為の差し止め及び妨害の排除を請求できる。）に基づいて，上記バルコニーと屋外空調機の撤去を求めたものである。これに対し，Yらは，サンルームや屋外空調機の設置については，マンションの管理人を通じて管理組合の理事長の承諾を得ているし，サンルームと屋外空調機の設置は，プライバシーの確保，防犯対策，結露における健康問題を解決するためにした正当な行為であるから，撤去すべき義務はない，ほかにもバルコニーにブロックを設けて花壇として利用したり，簡易物置を設置している居住者がいる，などと反論した。裁判所は，バルコニーと同様の性格を有するルーフテラスにサンルームを設置したことは，バルコニーに構築物等の設置を禁止した規約に違反するし，避難口付近に屋外空調機を設置したことは，共用部分の用法義務違反にあたるとし，ほかの居住者に違反行為が認められるからといってYらの正当性を裏づけるものではなく，ほかにYらのそうした違反行為の正当性を基礎づける事実を認めるに足りる証拠はないから，Yらに対し，規約によりサンルームと屋外空調機の撤去を求めることができるとし，請求を認容した。（京都地判昭和63年6月16日判例タイムズ683号148頁）

12 | 土地を活用する

中城康彦

《目標&ポイント》 太郎さんは相続予定の不動産の有効活用を考えています。建物を壊し，何か別の用途にすることも考えたいのですが，建物をいつでも解体できるのか，一体何にできるのか，よくわかりません。土地利用に関する基礎的な知識を理解しましょう。
《キーワード》 所有と利用，私法と公法[1]，借地借家法，用途制限

1. 建て替えに関する私法上の制限

既存の建物を解体し，建物を建て替えて土地の再利用を考える場合（図12-1），どんなことに気をつけなければいけないのか。

図12-1 土地活用のプロセス

(1) 建物解体に関する私法上の制限

既存建物があり，利用する者がいる場合には，建物はいつでも解体できるわけではない。建物解体のために利用者が建物から退去すること（立ち退き）が必要となるが，利用権の内容や利用者の事情によっては

借地借家法によって利用権の保護が図られ，立ち退きを強制できないことがある。

①既存建物の利用権

既存建物の利用者はどのような権利に基づいて建物を利用しているのであろうか。建物の利用者は，建物の建っている土地も利用するので，土地のことも合わせて考える必要がある。

建物の利用には，一般に図12-2の4パターンがある[2]。

```
                    建物の所有と利用　一致
           ［第2のパターン］              ［第1のパターン］

              B…建物利用者                 A…建物利用者
              B…建物所有者                 A…建物所有者
              B…土地利用者                 A…土地利用者
              A…土地所有者                 A…土地所有者

           土地の所有と利用              土地の所有と利用
  分離 ─────────────────────────────────────────── 一致

              C…建物利用者                 C…建物利用者
              B…建物所有者                 A…建物所有者
              B…土地利用者                 A…土地利用者
              A…土地所有者                 A…土地所有者
                                       借家権による建物利用
           ［第3のパターン］              ［第4のパターン］
                    建物の所有と利用　分離
```

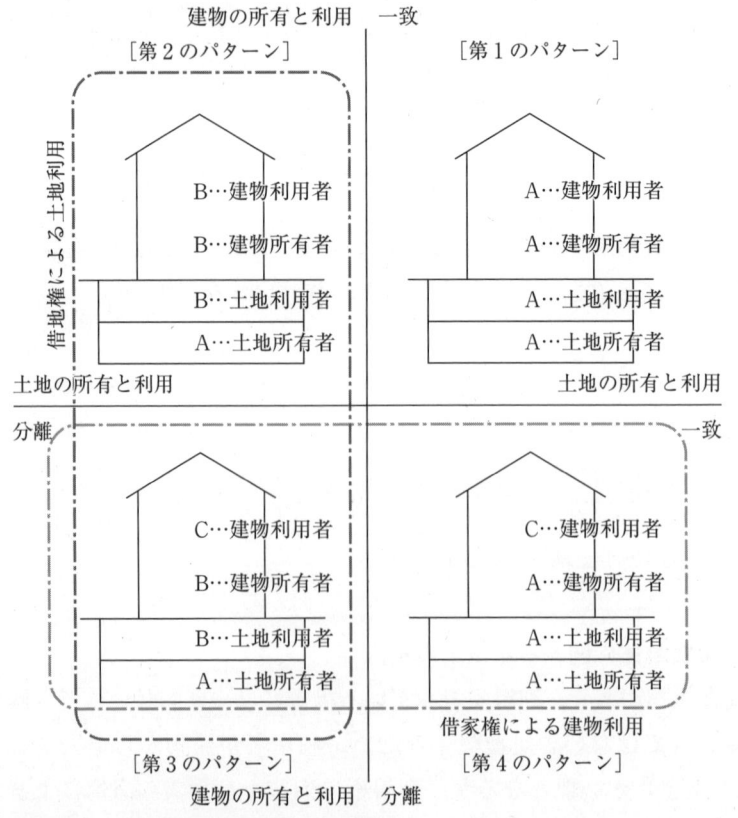

図12-2　土地と建物の所有と利用
（掲載：市ヶ谷出版社『住まい・建築のための不動産学入門』より）

第1のパターンは土地所有者が建物を建設して所有し，利用する。第2のパターンは土地所有者から土地を借り受けた借地権者（以下，「借地人」という）が建物を建設して所有し，利用する。借地権が発生し借地借家法の適用がある[3]。第3のパターンは土地所有者から土地を借りた借地人が借地上に所有する建物を建物賃借権者（以下，「借家人」という）が借りて利用する。借地権と借家権が発生する。第4のパターンは土地所有者が所有地上に建設して所有する建物を借家人が借り受けて建物を利用する。借家権が発生し，借地借家法の適用がある。

②建物利用者の立ち退き

　第1のパターンでは，建物を所有するAが建て替えを計画するので，みずから退去すればよく，建物からの退去は問題とならない。

　第2のパターンでも，建物を所有するBが建て替えを計画するので，みずから退去すればよく，建物からの退去は問題とならない。

　第3のパターンと第4のパターンは借地借家法の適用のある借家人が建物を利用している。借家人が賃貸人（建物所有者：第3のパターンのB，第4のパターンのA）から建物解体を理由とする立ち退きを求められた場合，合意して建物賃貸借契約を解除する場合は問題はない（合意解除）。しかし，合意が成立しない場合や借家人が契約解除を拒否する場合，賃貸人は借家人に立ち退きを強制することはできず，最終的には立ち退きを求める裁判に訴えて，これを認める判決を得る必要がある。裁判では賃貸人に解約のための正当事由があるかによって可否を判断する。正当事由は，図12-3（p.164）の内容を考慮して判断する[4]。

(2) 建て替える見込みの建物利用権
①定期建物賃借権の利用

　借家人の立ち退きを確実なものとするために，定期建物賃貸借契約

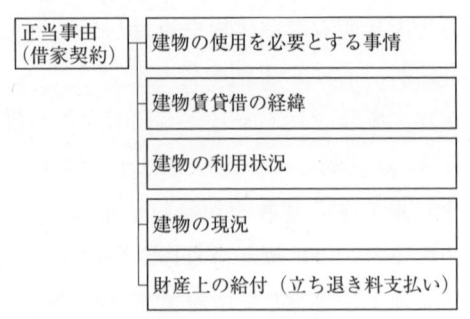

```
正当事由 ─┬─ 建物の使用を必要とする事情
(借家契約)│
          ├─ 建物賃貸借の経緯
          │
          ├─ 建物の利用状況
          │
          ├─ 建物の現況
          │
          └─ 財産上の給付（立ち退き料支払い）
```

図 12-3　正当事由の判断項目

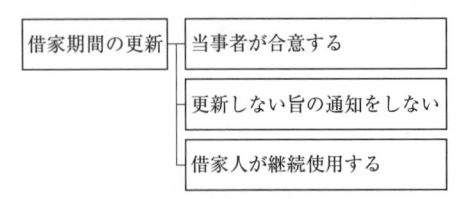

```
借家期間の更新 ─┬─ 当事者が合意する
                │
                ├─ 更新しない旨の通知をしない
                │
                └─ 借家人が継続使用する
```

図 12-4　借家契約期間の更新

（以下，「定期借家契約」という）とする方法である。建物賃貸借契約では一般に期間の更新のある建物賃貸借（以下，「普通借家」という）契約が利用されることが多い。普通借家契約は図 12-4 の場合に更新される。更新を希望する借家人に対して賃貸人が更新を拒絶するためには，図 12-3 の正当事由が必要である。一方，定期借家契約では期間満了により契約は消滅し[5]，借家人は退去することになる。これに対して賃貸人が立ち退き料を支払う必要はない。

②**取り壊し予定の建物の賃貸借の利用**

　解体を決め，時期が明確になった後で，新規に賃貸借契約を結ぶ場合，建物を取り壊すときに賃貸借が終了することを定めて，賃貸借契約を締結することができる（借地借家法 39 条）。

2. 建物新築に関する公法上の制限

自分の土地だからといって，好きな用途で好きな大きさの建物をつくれるわけではない。また，所定の手続きに従う必要がある。

(1) 土地の所有権と公法上の制限

土地の所有権は，その土地の上下に及び（民法207条），所有者は，自由にその所有物を使用，収益，処分する権利を有する（民法206条）。

所有権は大変強い権利であるが，完全に所有者の自由に委ねると混乱や争いが起きることが危惧される。私権は公共の福祉に適合しなければならず（民法1条），所有権の内容や範囲に法令の制限が加えられる。

土地利用の最も上位の法は土地基本法である。同法は土地についての公共の福祉の優先，適正で計画に従った利用，投機的取引の抑制，利益に応じた適切な負担，国及び地方公共団体の責務，事業者の責務，国民の責務を規定する（図12-5）。

国土利用計画法は土地基本法を受け，国土利用計画と土地利用計画を定める。土地利用計画は都道府県で作成し，都市地域，農業地域，森林地域，自然公園地域，自然環境保全地域に色分けし，適切な土地利用計画の実現を図る。都市地域では都市計画法が上位法となり，これを受け

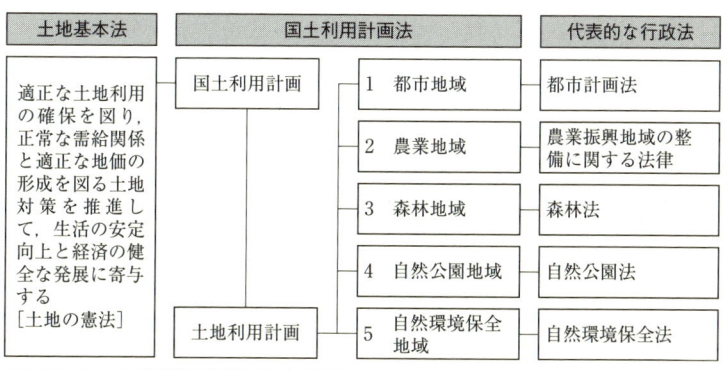

土地基本法	国土利用計画法		代表的な行政法
適正な土地利用の確保を図り，正常な需給関係と適正な地価の形成を図る土地対策を推進して，生活の安定向上と経済の健全な発展に寄与する ［土地の憲法］	国土利用計画	1 都市地域	都市計画法
		2 農業地域	農業振興地域の整備に関する法律
		3 森林地域	森林法
		4 自然公園地域	自然公園法
	土地利用計画	5 自然環境保全地域	自然環境保全法

図12-5 土地利用規制の法体系

表12-1　都市計画区域と準都市計画区域

都市計画区域	市町村の中心の市街地を含み，人口，土地利用，交通量などを勘案して，一体の都市として総合的に整備，開発し，保全する必要がある区域。全国で約1,200ヶ所
準都市計画区域	都市計画区域外においてそのまま放置すれば，将来，都市としての整備，開発，保全に支障が生じるおそれがある区域で，高速道路網の発達などを受けて平成12年の法改正で追加された

て建築基準法，土地区画整理法，都市再開発法などがより詳細な規制誘導を規定する。ここでは都市地域を念頭に都市計画法とその下位法としての建築基準法の仕組みを見ていこう（表12-1）。

(2) 都市計画法によるまちづくりの規制・誘導

　都市計画法は，都市の健全な発展と秩序ある整備に必要な事項を定める。都市計画は都市計画区域内で定めることが基本であるが，都市計画区域外に準都市計画区域を定め，都市計画法が規定する規制・誘導の一部を適用することもある（図12-6 p.167）。

　計画的なまちづくりのために都市計画法が規定する都市計画の内容（まちづくりのメニュー）は図12-7（p.167）のとおりである。区域区分は都市計画区域を市街化区域と市街化調整区域に区分けし，開発する区域と開発を抑制する区域に線引きする。市街化区域は，すでに市街地を形成している区域及びおおむね10年以内に優先的かつ計画的に市街化を図るべき区域で，市街化調整区域は，市街化を抑制すべき区域である。市街化調整区域では開発行為や建築行為は厳しく制限される。

　地域地区は，土地利用を規制・誘導して秩序あるまちづくりを目指すものである。基本的なものは用途地域で，他の地域地区は用途地域を補完する。市街化区域には12種類の用途地域のいずれかが指定される。

第12章 土地を活用する

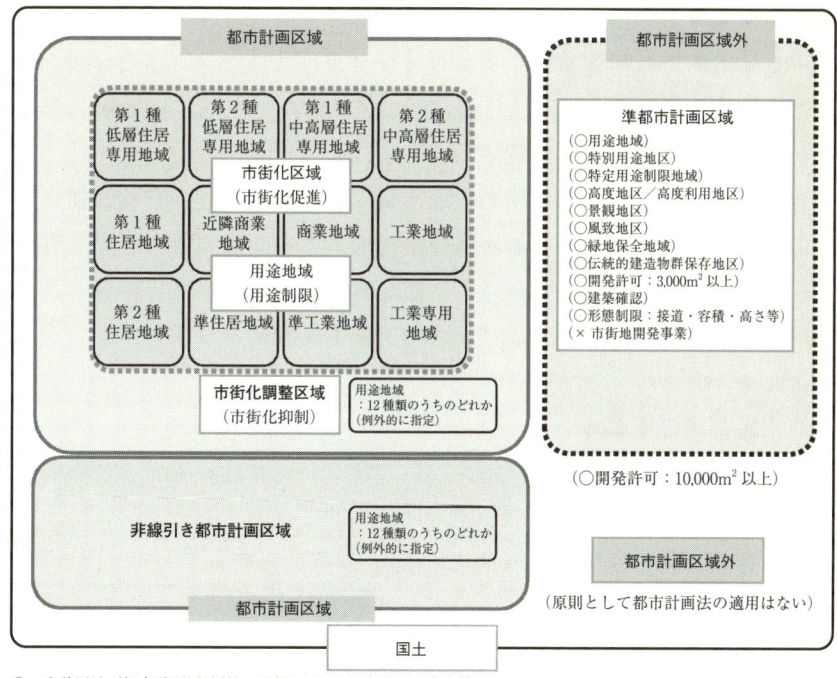

都市計画区域

- 市街化区域（市街化促進）
  - 第1種低層住居専用地域
  - 第2種低層住居専用地域
  - 第1種中高層住居専用地域
  - 第2種中高層住居専用地域
  - 第1種住居地域
  - 第2種住居地域
  - 準住居地域
  - 近隣商業地域
  - 商業地域
  - 準工業地域
  - 工業地域
  - 工業専用地域
  - 用途地域（用途制限）
- 市街化調整区域（市街化抑制）
  - 用途地域：12種類のうちのどれか（例外的に指定）
- 非線引き都市計画区域
  - 用途地域：12種類のうちのどれか（例外的に指定）

都市計画区域外

準都市計画区域
- ○用途地域
- ○特別用途地区
- ○特定用途制限地域
- ○高度地区／高度利用地区
- ○景観地区
- ○風致地区
- ○緑地保全地域
- ○伝統的建造物群保存地区
- ○開発許可：3,000m² 以上）
- ○建築確認
- ○形態制限：接道・容積・高さ等）
- ×市街地開発事業

（○開発許可：10,000m² 以上）

都市計画区域外
（原則として都市計画法の適用はない）

国土

○：当該区域（都市計画区域外）で適用される都市計画の内容等
×：当該区域（都市計画区域外）で適用されない都市計画の内容

図 12-6 都市計画法による規制・誘導の枠組み

都市計画の内容		
1	区域区分	・市街化区域／市街化調整区域
2	地域地区	・用途地域・特別用途地区・特定用途制限地域・特例容積率適用地区・高度地区／高度利用地区・防火地域／準防火地域　など
3	促進区域	・市街地再開発促進区域・土地区画整理促進区域・住宅街区整備促進区域　など
4	遊休土地転換利用促進地区	
5	被災市街地復興推進地域	
6	都市施設	・道路・公園・河川・水道・学校・病院・一団地の住宅施設　など
7	市街地開発事業	・土地区画整理事業・市街地再開発事業・新住宅市街地開発事業・住宅街区整備事業・防災街区整備事業　など
8	市街地開発事業等予定区域	・新住宅市街地開発事業予定区域・工業団地造成事業予定区域・新都市基盤整備事業予定区域　など
9	地区計画等	・地区計画・防災街区整備地区計画・歴史的風致維持向上地区計画・沿道地区計画　など

図 12-7 都市計画の内容

(3) 建築基準法の規制・誘導

　用途地域内では用途地域を定めた趣旨が守られるよう，建築可能な用途が制限されている（用途制限，表12-2 p.169）。また，建築物の規模や形状が規制される（形態制限）。

　容積率は建築物の延べ面積の敷地面積に対する割合で，容積率制限でその上限を規定する。斜線制限は建築物の高さを制限するもので，道路斜線制限は道路境界線側の高さを，隣地斜線制限は隣地境界線側の高さを制限し，北側斜線制限は真北方向からの高さを制限する（図12-8 p.170）。

(4) 土地利用の手続き

　既存建築物の解体は，環境汚染物質の含有が疑われる場合など特別の理由がある場合を除いて，わが国では基本的に自由である。解体については建物除却届を提出する（建築基準法15条）。

　民間等の任意の開発行為についても都市計画の内容に合致したものとするため，開発行為[6]の許可制が取られている（都市計画法29条）。市街化区域では技術基準（都市計画法33条）に合致すれば許可される[7]一方，市街化調整区域では開発が必要な理由（立地基準　都市計画法34条）と技術基準を満たす必要がある。市街化調整区域の開発については抑制はするが，基準に合致すれば許可される仕組みである[8]。

　建物の安全や都市計画との合致を図るために建築確認制度がある。建築主は，建築工事に着手する前に，設計内容が建築基準法令の規定に適合しているか確認の申請書を提出して建築主事の確認を受け，確認済証の交付を受ける。建築確認が必要な建築工事は新築だけでなく，一定の増築，大規模修繕，大規模模様替えを含むが，建築基準法令に合致すれば確認される仕組みである。外壁の色彩などについては建築基準法に規定がなく，確認の対象とならないことが通常である。

表12-2　用途地域の用途制限の内容

用途地域内の建築物の用途制限 ○：建てられる用途 ×：原則として建てられない用途 ▲：面積，階数などの制限あり	第一種低層住居専用地域	第二種低層住居専用地域	第一種中高層住居専用地域	第二種中高層住居専用地域	第一種住居地域	第二種住居地域	準住居地域	近隣商業地域	商業地域	準工業地域	工業地域	工業専用地域
住宅,共同住宅,寄宿舎,下宿,兼用住宅で,非住宅部分の床面積が50m²以下かつ建築物の延べ面積の2分の1未満のもの	○	○	○	○	○	○	○	○	○	○	○	×
店舗等／店舗等の床面積が150m²以下のもの	×	▲	▲	▲	○	○	○	○	○	○	○	▲
店舗等／店舗等の床面積が150m²を超え,500m²以下のもの	×	×	▲	▲	○	○	○	○	○	○	○	▲
店舗等／店舗等の床面積が500m²を超え,1,500m²以下のもの	×	×	×	▲	○	○	○	○	○	○	○	▲
店舗等／店舗等の床面積が1,500m²を超え,3,000m²以下のもの	×	×	×	×	○	○	○	○	○	○	○	▲
店舗等／店舗等の床面積が3,000m²を超えるもの	×	×	×	×	×	○	○	○	○	○	○	▲
事務所等／事務所等の床面積が1,500m²以下のもの	×	×	×	×	▲	○	○	○	○	○	○	○
事務所等／事務所等の床面積が1,500m²を超え,3,000m²以下のもの	×	×	×	×	×	○	○	○	○	○	○	○
事務所等／事務所等の床面積が3,000m²を超えるもの	×	×	×	×	×	×	○	○	○	○	○	○
ホテル,旅館	×	×	×	×	▲	○	○	○	○	○	×	×
遊戯施設・風俗施設／ボーリング場,スケート場,水泳場,ゴルフ練習場,バッティング練習場　等	×	×	×	×	▲	○	○	○	○	○	○	×
遊戯施設・風俗施設／カラオケボックス　等	×	×	×	×	×	▲	▲	○	○	○	▲	▲
遊戯施設・風俗施設／麻雀屋,パチンコ屋,射的場,馬券・車券販売所　等	×	×	×	×	×	▲	▲	○	○	○	▲	×
遊戯施設・風俗施設／劇場,映画館,演芸場,観覧場	×	×	×	×	×	×	▲	○	○	○	×	×
遊戯施設・風俗施設／キャバレー,ダンスホール等,個室付浴場　等	×	×	×	×	×	×	×	×	○	▲	×	×
公共施設・学校施設等／幼稚園,小学校,中学校,高等学校	○	○	○	○	○	○	○	○	○	○	×	×
公共施設・学校施設等／病院,大学,高等専門学校,専修学校　等	×	×	○	○	○	○	○	○	○	○	×	×
公共施設・学校施設等／神社,寺院,教会,公衆浴場,診療所,保育所　等	○	○	○	○	○	○	○	○	○	○	○	○
工場・倉庫等／倉庫業倉庫	×	×	×	×	×	×	×	○	○	○	○	○
工場・倉庫等／危険性や環境を悪化させるおそれが非常に少ない工場	×	×	×	×	▲	▲	▲	▲	○	○	○	○
工場・倉庫等／危険性や環境を悪化させるおそれが少ない工場	×	×	×	×	×	×	×	×	▲	○	○	○
工場・倉庫等／危険性や環境を悪化させるおそれがやや多い工場	×	×	×	×	×	×	×	×	×	×	○	○
工場・倉庫等／危険性が大きいか又は著しく環境を悪化させるおそれがある工場	×	×	×	×	×	×	×	×	×	×	○	○
工場・倉庫等／自動車修理工場	×	×	×	×	▲	▲	▲	▲	○	○	○	○
卸売市場,火葬場,と畜場,汚物処理場,ごみ焼却場　等	都市計画区域においては原則として都市計画決定が必要（法51条）											

（国土交通省 http://www.mlit.go.jp/singikai/infra/toushin/images/04/034.pdf を基に一部修正）

本表は，建築基準法別表第二の概要であり，すべての制限について掲載したものではない。

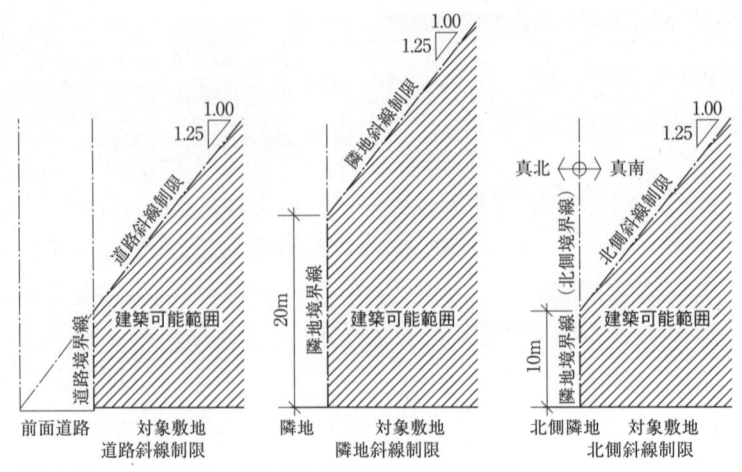

図12-8　斜線制限の例（中高層住居専用地域）

3. 土地活用方策

土地に建物をみずから建てて利用することもできるが，みずから建物を建てないで利用する方法もある。それを見ていこう。

(1) 土地の活用

土地の利用方策には図12-9（p.171）のようなものがある。土地だけで考える利用方法は，建物を建てる事業と比較すると，収益に供する面積が少ない半面，建物建設のための資金の借り入れが不要であることより，返済が滞って事業が破綻する危険性が少ない点が特徴で，一般にローリスク・ローリターン型の事業となる。

①土地を駐車場として利用する

土地所有者が所有地を青空駐車場として整備し，利用者に賃貸して経営する方法である。青空駐車場は建物を建てないため建築基準法の適用

がない。また，賃借人に建物の建築を認める訳ではないので借地借家法も適用されない。このため建築確認や立ち退き交渉に労力を割く必要がない。資金的にも法的にも比較的取り組みやすい土地活用方策である。

②**建物を建てたい人に土地を賃貸する**

建物を建てて所有したい人に土地を賃貸するなどの方法である。土地所有者は特段の追加投資をすることなく，収益を得ることができる。ただし，建物所有目的のための地上権または賃借権を設定することより借地権（借地借家法2条）となり，借地借家法の適用がある。

(2) 借地権の種類

借地権の種類は図12-10（p.172）のとおりである。更新のある借地権を一般に普通借地権といい，更新のないものを定期借地権という。

普通借地権の存続期間は30年で，より長期間を約定した場合はその期間となる。30年より短い期間を定めた約定は無効となり，借地期間は30年となる。借地期間の更新には図12-11（p.172）のものがある。

更新のない借地権には以下のようなものがある。

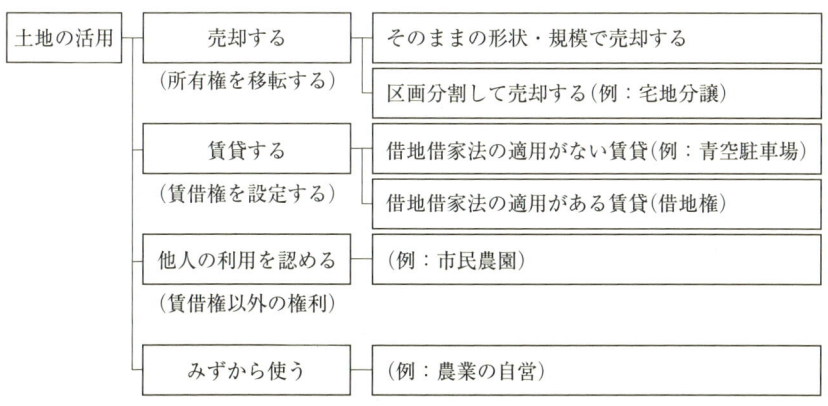

図12-9　土地活用方策のバリエーション

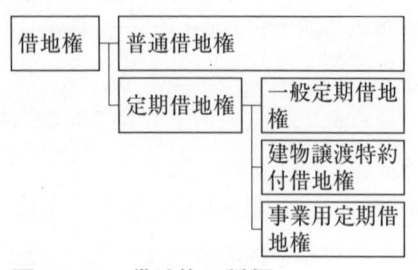

図 12-10　借地権の種類

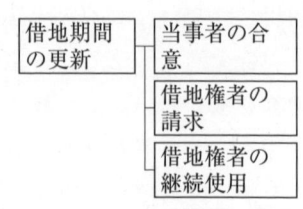

図 12-11　借地期間の更新

①一般定期借地権

存続期間を 50 年以上として，契約の更新がなく，建物買取請求[9]をしない特約を定める。この特約は公正証書等の書面で行う。

②建物譲渡特約付借地権

設定後 30 年以上を経過した時点で，借地上の建物を借地人から土地所有者に譲渡して，借地権を消滅させることをあらかじめ約した借地契約をする。建物を利用してきた借地人や借地人から建物を借りていた借家人は，建物譲渡後，借家人として継続居住することも可能である。

③事業用定期借地権

専ら事業の用に供する建物の所有を目的とし，かつ，存続期間を 10 年以上 50 年以下として借地権を設定し，契約の更新，建物買取請求権等を排除する。この契約は公正証書で行う。

4. まとめ

建物の解体や土地の利用は，所有者だからといって全く自由にできるわけではない。私法と公法により，さまざまなルールがある。

土地を有効に使用するには，公法・私法のルールを理解し，計画的な活用方策を検討することが必要である。

》注

1) 私法とは，私人間の関係を限定する法で，民法や借地借家法などが該当する。公法は，国と個人の関係を限定する法で，憲法のほか，都市計画法，建築基準法などの行政法などが該当する。
2) このほかにも合法的な権限をもたない不法占拠のこともある。不法占拠者であっても占有権があるので，強制的に追い出すこと（自力救済）することはできない。
3) 借地借家法により，借地権や借家権の保護が図られている。また本講ではただで借りて使う，使用借権についての説明は省略している。
4) 期間の定めのない賃貸借契約の場合。正当事由が認定されるケースは限定的である。期間の定めのある賃貸借契約の更新の是非も同様。
5) 一定時期に一定事項を記載した書面を渡すなどの手続きは必要。
6) 主として建築物の建築又は特定工作物の建設の用に供する目的で行う土地の区画形質の変更をいう（都市計画法4条）。
7) 市街化区域内の $1,000m^2$（三大都市圏では $500m^2$）未満の開発行為は開発許可が不要などの例外がある。
8) 英国の計画許可の制度では技術基準ではなく，公聴会等により住民の意見を聴くなど，一つ一つ状況に基づいて判断する。
9) 借地上には借地人が所有する建物がある。普通借地権では借地期間が満了し，契約が更新されない場合などにおいて，土地を利用する権利（敷地利用権）としての借地権は消滅したものの，借地人の建物所有権だけが残るという不都合が生まれる。これを解消するために，借地人が地主に対して建物買取請求する権利を認めている。

学習課題

1. 既成市街地で空き地，空き家が多く発生している。その背景と解決策を考えてみよう。
2. 土地活用の際，所有と利用を分離する長所と短所を考えてみよう。

❂土地の活用に関する判例❂　　　　　　　　　　　　　　　小川清一郎

　不動産の有効活用にはわが国の法制度をよく理解する必要がある。貸していた土地を取り戻すのは一般的には困難であり、本事例はそのなかでも認められたが多額の費用が必要な事例である。

　Y会社は昭和40年4月1日訴外Aより本件土地を賃借し、木造二階建ての建物一棟を所有して独身社員寮として使用していたが、昭和59年に訴外Aの賃貸人の地位を承継取得した原告X1ないしX4は本件借地契約が再度更新される昭和60年4月1日以前から自己使用の必要があるとして更新拒絶の意思表示をしてきた。本件事情として、X1は独り暮しをしていたところ、X2は長男としてX1の面倒を見る立場にあったために自ら希望して大阪に転勤してきたが、X1・X2の各居宅はいずれも手狭でX1・X2が同居するには相応しくなく、Xらには本件土地上にX1・X2の同居用の居宅を建築する必要が生じた。他方、Yは本件建物を独身社員寮として使用してきたが、他に独身寮を新築したために本件建物を使用する必要がなくなり、現在ではYの社宅の一つとして使用しているが、社宅は他に容易に確保しうる状況で本件建物に必ずしも固執する必要はない。さらに、本件建物はかなり老朽化し耐用年数もあと数年位しかないが現居住者が子供の教育の関係で居住継続を希望しており、Yとしても本件建物の関係で借地契約の更新を求めているというよりは、本件土地上に賃貸マンションを建築所有するために本件借地契約の更新を希望していること、その他の事情がある。

　裁判所はXら側の上記事情のみでは、あるいはY側の事情をも比較考量しても、Xら側には借地契約更新拒絶の正当事由があるとはいえないが、Xらが申し出た今までの賃料総額に相当する750万円の支払いにより正当事由が補完されるとした。（神戸地裁昭和62年5月28日判例タイムズ657号223頁）

13 | 不動産を分割・併合する

中城康彦

《**目標&ポイント**》 太郎さんは土地の一部を売却することを考え始めました。どんなふうにでも分割してもよいのでしょうか。分割の仕方によっては不動産の経済的な価値が下がると言われました。土地の分割や併合のルールと経済的な価値についての基本的な知識を学びましょう。
《**キーワード**》 接道規定，土地価格，建物価格，コモンスペース

1. 不動産の経済価値としての価格

不動産の経済価値とは何だろうか。また，それはどのようにして決まるのか。それを見ていこう。

(1) 更地価格の公示

不動産は多様な価値をもっている。価格は不動産のもつ多様な価値について，特定の評価基準に基づいてこれを貨幣額で数値化したものである。価格は価値のすべてを表現するものではないが，わが国では土地取引価格の指標とするために，地価公示価格が公表されている（地価公示法1条の2）。地価公示価格は，地域の標準的な土地について建物等がない更地の状態を想定し，土地のもつ不動産価値のうち経済価値として顕在化する部分を貨幣額で表示したものである。

これに対し，市場での交換を目的としない，特別の思いで利用を継続するなど，必ずしも経済価値に含まれない価値がある。これを利用価値

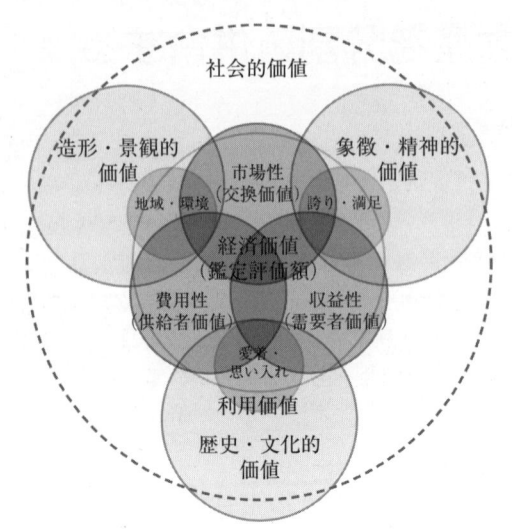

図 13-1　不動産の価格形成からみた価値の多面性
(掲載：(一財) 住宅生産振興財団『家とまちなみ』Vol.29 No.2「住宅地の不動産価値の現況」より)

とすると，利用価値には，誇り・満足，愛着・思い入れなどがある。利用価値は個々の利用主体の内にあるが，価値観の共有が進むと，売買等を通じて経済価値として顕在化する。さらに，歴史・文化的価値，象徴・精神的価値などがあり，これらを含めて社会的価値が形成される（図 13-1）。

(2) 土地価格と建物価格
①土地価格と建物価格の合計

　わが国は土地と建物を別個の不動産とし，それぞれに所有権を認める。所有権には一般に価格が存在することにより，わが国では土地と建物にそれぞれ独立の価格が存在することを前提としている。新築住宅の

価格を，土地価格と建物価格の合計で考えるのは，その具体例である。
　一方，区分所有型のマンション，中古住宅，賃貸用不動産などでは，土地・建物の一体価格が考えることが多い。

②土地価格と建物価値の分離

　土地及び建物（以下，「複合不動産」という）の取り引きにおいて土地には消費税がかからず，建物には消費税がかかる。建物には減価償却が認められるが土地には認められない。このため，わが国では，中古住宅等の土地と建物が一体となった不動産物取り引きにおいて，土地価格と建物価格に分離する必要が発生する。これに対して英米法の国では建物に独立の所有権はなく，土地所有権に包含され（図13-2，図13-3），土地価格には建物部分を含む。

③土地と建物の価格内訳

　複合不動産の価格から，土地と建物を分離することが必要な場合，その方法は3つある。第1は建物価格を全体価格から控除する方法である。建物価格はコストを積み上げる方法の原価法で求めて，それを既知と考え，土地建物一体の価格から既知である建物価格を控除して土地価

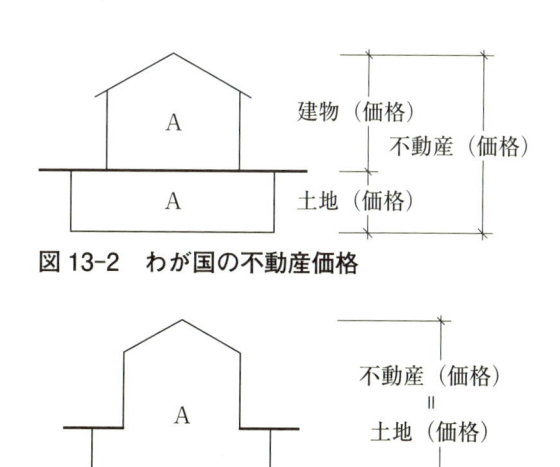

図13-2　わが国の不動産価格

図13-3　英米法の不動産価格

格を求める。この際，建物価格は定額法，定率法等により価格が経年により逓減すると考える。

　第2は土地と建物の価格割合を一定とする方法である。複合不動産の価格に割合を乗じて，内訳価格を求める。

　第3は土地価格を控除する方法である。土地価格を既知として，複合不動産の価格から控除することにより，建物価格を求める。

　土地価格3,000万円，建物価格2,000万円の複合不動産が，年率2%で価格上昇する場合を想定し，内訳価格の変化をみる。第1のパターンは建物価格が毎年2%の割合で逓減するとし（図13-4），第2のパターンは建物価格割合40%は不変とする（図13-5）。第3のパターンは土地価格が毎年1%上昇するものとする（図13-6）。これらを比較すると複

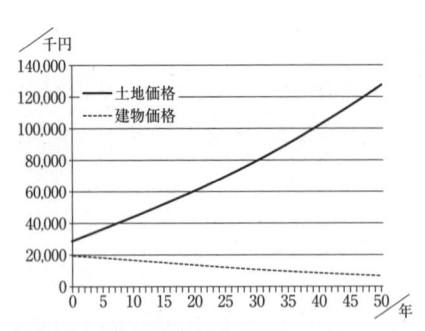

図 13-4　建物価格控除法

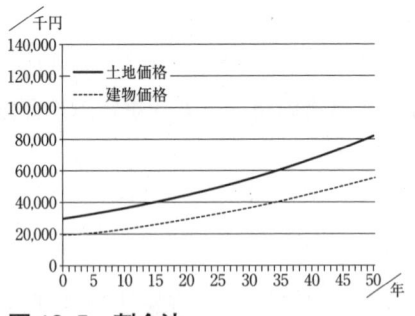

図 13-5　割合法

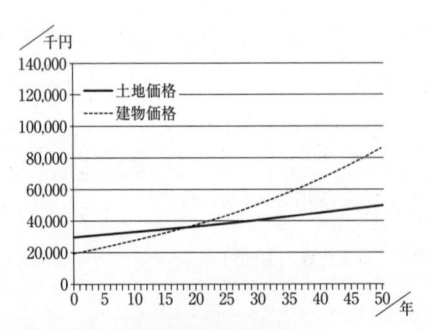

図 13-6　土地価格控除法

合不動産の価格は同じであるにも関わらず、内訳としての土地と建物の価格は明確に異なる。

わが国では第1のパターンを採用している。複合不動産の価格が上昇するにも関わらず建物価格の下落を所与とするため、土地価格は著しく騰貴する。ほかのパターンではこれほどの土地騰貴は認められず、むしろ建物も騰貴する。

わが国では複合不動産の価格を土地と建物の所有権ごとに分割的に考えるため、独自の所有権がない外構、植栽は有形で価格があると思料されるにも関わらず、帰属先がない。また、居住者意識やコミュニティなど無形のものは価値の存在そのものが認められにくい。

一方、英米では建物独自の価格を考える必要が少ない。不動産全体としてよいものは高く、悪いものは安い。すなわち、全体が良い状態であるか否か、建物、敷地、外構、植栽、利用、管理、コミュニティを一体的に評価する。

2. 土地の分割による経済価値への影響

次に、土地を分割・併合する方法がどのように経済価値に影響を与えているかを見てみよう。まず分割する場合を考えよう。

(1) 一建築物一敷地の原則

土地を分割する場合、建築基準法を守る必要がある。同法は、「建築物の敷地、構造、設備及び用途に関する最低の基準を定めて、国民の生命、健康及び財産の保護を図る」(建築基準法1条) もので、一建築物一敷地の原則[1]により敷地ごとに適法性を判定する。つまり、別々の建築物を独立して建設する場合には敷地を分割する必要がある。

(2) 接道規定と土地の分割

都市計画区域及び準都市計画区域内の建築物の敷地は，道路に 2m 以上接しなければならない（建築基準法 43 条）。図 13-7 の土地を図 13-8 のように分割した場合，B 地と C 地は接道規定を満たさず，建物を建てることができない。そのため経済価値は大きく低下する。接道規定は建物の利用や安全に必須の要件として厳格に審査されるが，接道の状態

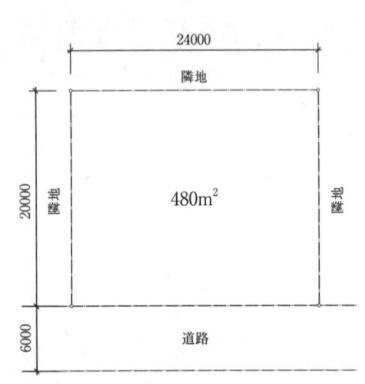

図 13-7　分割前の土地

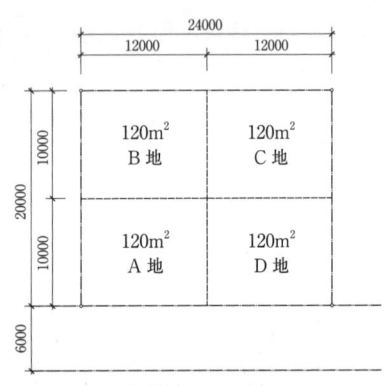

図 13-8　単純な 4 分割

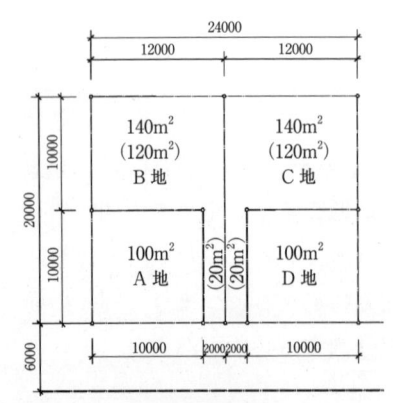

図 13-9　敷地延長方式

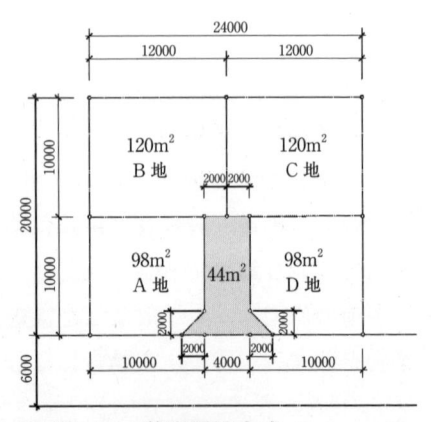

図 13-10　道路開設方式

図 13-7, 13-9, 13-10（掲載：(公社) 全国宅地建物取引業協会連合会『リアルパートナー』2011 年 12 月号「接道規定と小集団開発」より）

により地域が良くも悪くもなる側面がある。農地の宅地化や大規模な屋敷の再利用などでは、土地の面積が地域の標準的な敷地面積より広大であるため、土地を分割し、効用を極大化することが試みられる。

具体的な事例を見ていこう。図13-7（p.180）の土地を4の敷地に区画分割して戸建住宅とする場合、接道規定を満たす方法として一般に、敷地を延長して接道する方法（図13-9 p.180　敷地延長方式）か、道路を開設して接道する方法（図13-10 p.180　道路開設方式[2]）が採用される。いずれも既存の道路から奥まった位置にある2つの敷地は2m接道する「最低限」のものであるが、合法的な敷地として市場に供給される[3]。

(3) コモンスペースによる価値の創造

土地を分割しても経済価値を高める方法がある（コモンスペース 図13-11 p.182）。A住宅地は、土地区画整理事業地内の換地を4の区画に分割した（図13-12 p.183）。無道路地は1区画であり、通常は2号地を敷地延長により接道させるところ、敷地延長部分の幅員と奥行きを最低限度の2倍程度確保するとともに、敷地の一部の利用方法を制約し、両者を一体化してコモンスペースとしている。

(4) 英国における世帯の小規模化への対応

土地を分割しないで建物を分割する方法を考えてみよう。この方法では、周辺環境への影響も少なく、景観を維持することができる。例えば、英国の例である。

英国でも晩婚化や高齢化などにより世帯の小規模化傾向がある。世帯の小規模化により住宅のニーズも変化する。図13-13（p.183）は1950年代に建設されたセミデタッチハウス（2戸建て住宅）である。今日でも住宅は解体されることなく、1戸の住戸が上下に区分されて2戸の住

1) 敷地延長部分のコモン化

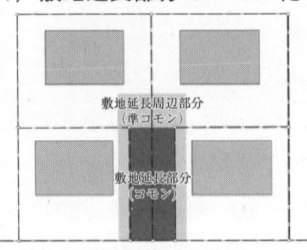

敷地延長周辺部分（準コモン）
敷地延長部分（コモン）

路地状部分の形状や利用方法を工夫してコモン化。敷地境界に塀やフェンスは設けない。一体的な仕上げにする等、全員で利用する空間でとして演出。周辺を準コモンスペースとして視覚的広がりをもたせる。地役権を登記すれば対抗力が発生し、所有者が変わってもコモンスペースは維持される

2) 道路開設部分のコモン化

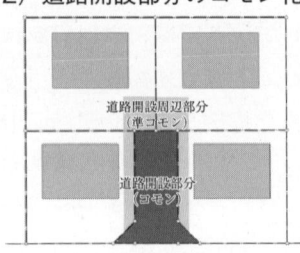

道路開設周辺部分（準コモン）
道路開設部分（コモン）

道路形状（曲線にする等）や仕上げ（インターロッキングにするなど）を工夫することによりコモン化を図る。1）と同様、開設道路の周辺についても準コモン化して広がりを持たせる

3) 43条ただし書き広場のコモン化

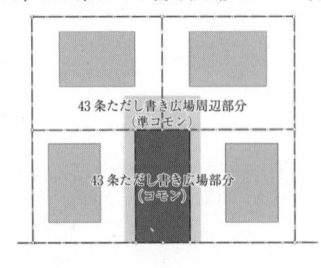

43条ただし書き広場周辺部分（準コモン）
43条ただし書き広場部分（コモン）

敷地の周囲に空地を有する等、特定行政庁が許可したものは接道規定を免かれる（43条ただし書き）。これに該当する広場を設置してコモン化する。許可を受けるためには、当該広場の存続が恒久的に担保されるものでなければならないので、そのための工夫が必要となる

4) 総合的設計によるコモン化

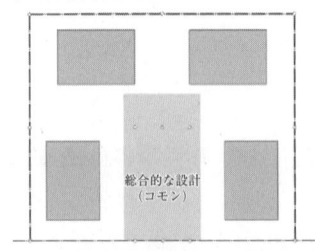

総合的な設計（コモン）

一建築物一敷地の原則の例外である総合的設計（86条）を利用すると、接道規定は敷地全体（団地）で判断され、建物ごとに道路に接していなくてもよい。道路にする部分のほか、敷地全体（団地）内の適当な部分をコモン化することが可能となる

図13-11　小集団開発におけるコモンスペースのパターン

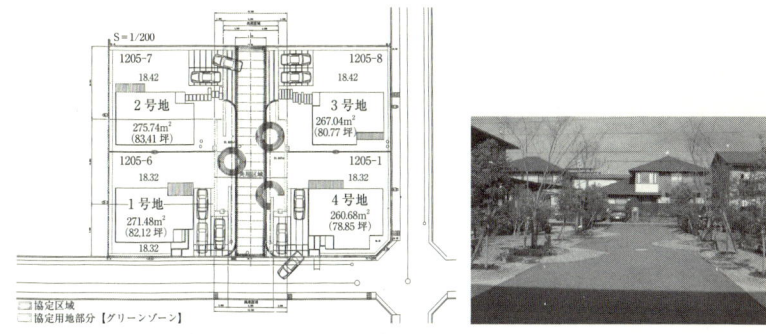

図 13-12 　A 住宅地の区画図と写真
（香川県農業協同組合「メンバーズタウン松本」に関する資料より。写真は著者撮影）

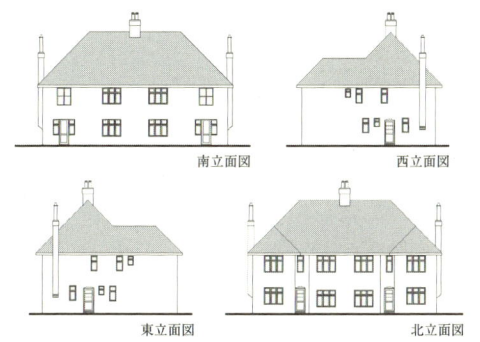

図 13-13 　2 戸建て住宅の立面図
（掲載：(一財) 住総研「すまいろん」2011 年秋号「住宅持続再生と経済－英国住宅のサスティナビリティより」）

戸となり（図13-14）し，世帯の小規模化に対応している。

片方の所有者がもう片方を購入し，B & B[4]として利用するケースもある。2戸建て住宅は7通りの可変性を持っている（図13-15）が，利用区分と保有区分の変化は外見からは分からず，街並みは保持される。

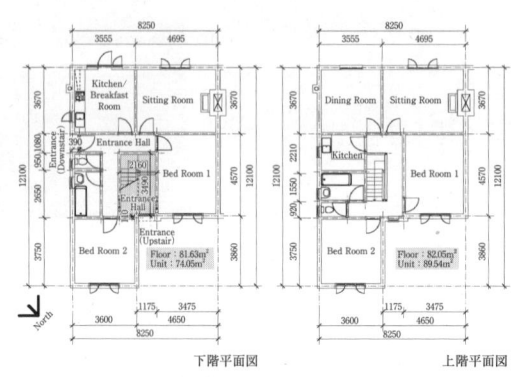

図 13-14　2戸建て住宅のフラット化

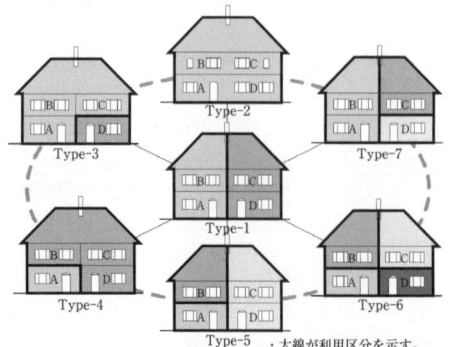

図 13-15　2戸建て住宅の可変性

・太線が利用区分を示す。
・Type-1 がもとのセミデタッチハウスの利用区分を示す。
・Type-2～Type-7 が利用区分のバリエーションを示す。

図 13-14，13-15（掲載：(一財) 住総研「すまいろん」2011 年秋号「住宅持続再生と経済－英国住宅のサスティナビリティより」）

このように建物を長期利用することが経済価値にもたらす効果を考えてみよう（図13-16）。1世代を30年として、1世代で建て替える場合の価格線をLd1、2世代で使う場合をLd2、3世代をLd3、4世代をLd4で示す。土地価格が50%、建物価格が50%（例：土地価格2,000万円、建物価格2,000万円、積算価格4,000万円）の新築住宅を想定すると、現況の価格曲線Ld1では30年後に建物価格は0となる。経済価値として土地だけが残り、当初の50%となる（Ld1上のc）。

耐用年数が60年では、30年後の経済価値は75%（Ld2上のl）、耐用年数90年では83.3%（Ld3上のo）、120年では87.5%となる（Ld4上のp）。耐用年数を延ばすことによって価格線は右に移動し、経年による減価修正は減縮されて長期にわたって経済価値が維持されることになる。

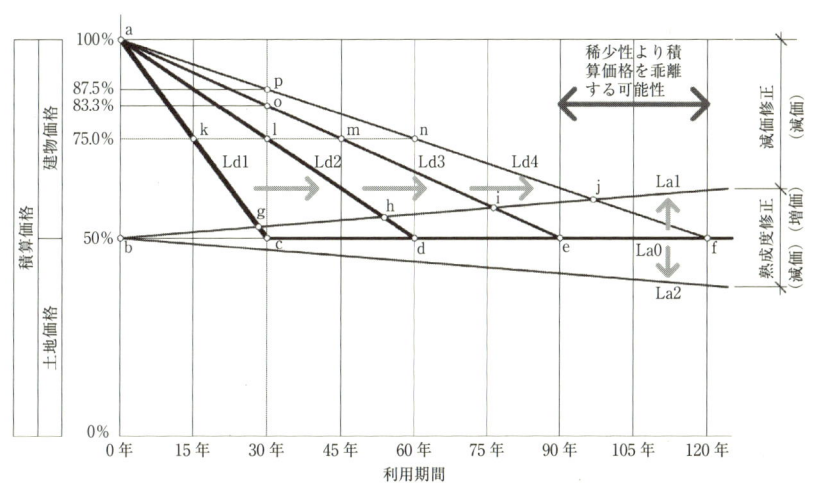

図13-16　建物の長期利用と資産価値
（掲載：（一財）住宅生産振興財団「家とまちなみ」Vol.29 No.2「住宅地の不動産価値の現況」より）

3. 土地の併合による経済価値への影響

次は土地を併合する場合を考えよう。

(1) 土地併合による経済価値の向上

図 13-17 の敷地 A に最有効使用建物を想定し，収益還元法（永久還元方式）を立体的に適用して空間の経済価値を評価し，グラフ化したものが図 13-18 の敷地 A のグラフである。このグラフの X 軸との間の網

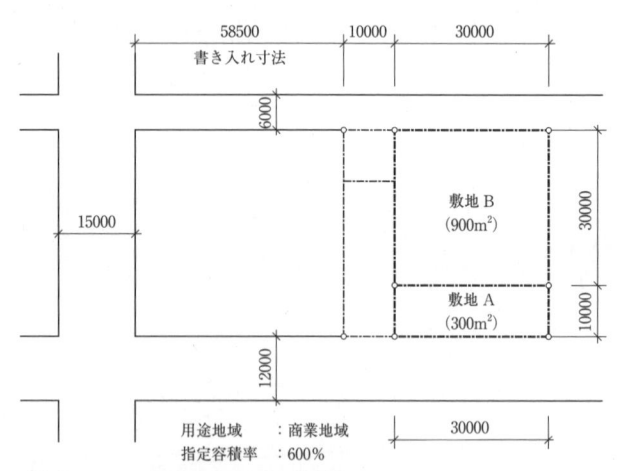

図 13-17　隣接土地の共同利用

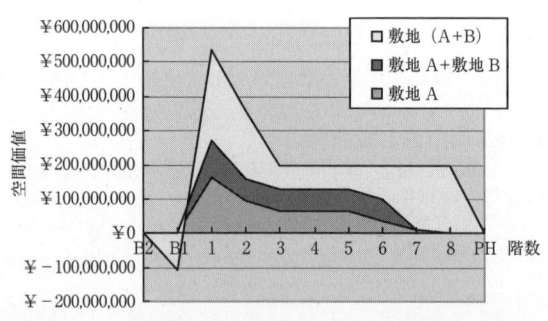

図 13-18　土地の併合利用による経済価値の変化

掛け部分の面積が空間価値の合計（＝土地総額）を示す。敷地B，敷地Aと敷地Bを一体化した敷地（A＋B）についても同様に評価し，敷地Aと敷地Bを単独で利用した場合の空間価値の合計（敷地A＋敷地B）と敷地（A＋B）の空間価値の差を付加価値として視覚化した。

このケースでは創出される付加価値は単独利用時の価値の合計の約1.4倍である。付加価値が発生する理由は，ⅰ）建築可能な延べ面積が増加する，ⅱ）効率的な建物が建築できる，ⅲ）賃料単価が高くなる，などである。高度利用が阻害される土地の共同利用（併合）は価値の創出に有効であり，共同建て替え等の手法が用いられる。

(2) 空中権の移転による経済価値の顕在化

さらに，不動産の権利を併合する方法がある。空中権の移転である。

法的に認められる限度まで利用する必要がない者が，より高度利用をしたい者に土地を利用する権利（容積率の一部＝空中権）を譲渡する。受領した対価を自分で利用する建物部分の追加投資に使って利用価値を高める方法がある。空中権の移転は連担建築物設計制度（建築基準法86条）と特定容積率適用地区（都市計画法8条）で実現可能であり，図13-19（p.188）のようにある土地（敷地B）の余剰容積率を他の土地（敷地A）に移転して利用する。空中権譲渡の対価は上述の収益還元法により査定することができる。

(3) 互恵的土地利用による経済価値の補完

住宅の価値は敷地単独で完結しない。ある敷地で突出した価値を実現しようとして周辺と軋轢を起こすことがある。全体で価値を高める工夫を，地域の努力や土地所有者の協力により実現することが重要である。

住宅と全体の補完関係の例として遊歩道がある。個々の敷地は地表部

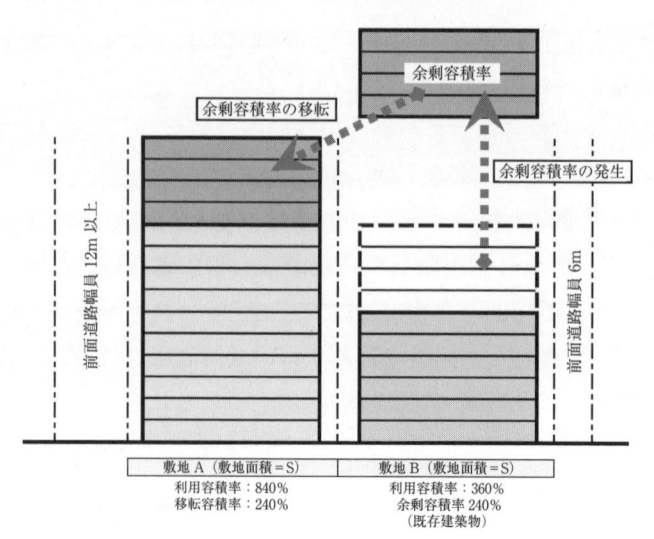

図 13-19 空中権の移転
（掲載：市ヶ谷出版社『住まい建築のための不動産学入門』より）

敷地 A（敷地面積＝S）
利用容積率：840%
移転容積率：240%

敷地 B（敷地面積＝S）
利用容積率：360%
余剰容積率：240%
（既存建築物）

分を解放し，それが連続して遊歩道全体を創出する。住宅，ホテル，店舗等の個々の建物は遊歩道を利用して利便性と価値を高める。

4. まとめ

不動産の分割・併合は，経済，社会，行政的な要素のほか，所有者の事情が絡み合って発生する。その結果は，必ずしも価値を高めるケースばかりではなく，価値の喪失を食い止める工夫が求められる。不動産の所有や利用の分割・併合を円滑にするためには，法律，経済，建築等に係る多面的な知見が必要である。

注

1) 敷地とは一の建築物又は用途上不可分の関係にある二以上の建築物のある一団の土地をいう（建築基準法施行令1条）。
2) 建築基準法42条1項5号道路で一般に私道。位置指定道路という。
3) 今後人口や世帯が減少するとこのような「ミニマム」敷地は大幅に資産価値を失う可能性が否定できない。
4) Bed and Breakfast の略。宿泊と朝食の提供を料金に含み，比較的低価格で利用できる宿泊施設。

学習課題

1. 個々の宅地の分割や併合は，地域の住環境との関係でどんな点を注意する必要があるだろうか。
2. 敷地面積の最低限の規模を定めることの長所と短所を考えなさい。

✿不動産の分割・併合に関する判例✿　　　　　　　　　小川清一郎

　不動産を購入する際には確認すべきことが多く、本件は購入した土地の細分化ができない例である。

　Xは、Y1から本件土地建物を買い受ける売買契約を締結し、手付金を支払い、またY1から委任を受けたY2に仲介手数料を支払った。本件建物は、その敷地である本件土地とこれに隣接する土地を一つの敷地として、いわゆる棟割り式の連棟の一個の建物として建築されている建物の一区画である。契約締結に際し、Xは建て替えの意向を有していたため、これをY2の担当者に確認したが、建て替えができる旨答えた。しかし、中野区の宅地細分化防止に関する指導要綱により、本件建物を取り壊して、独立した一個の建物として建て替えることは上記指導要綱からして事実上不可能であった。Xは、このような指導要綱の説明をしなかった点に説明義務違反があったなどとして、債務不履行により売買契約を解除し、Y1に対しては手付金の返還及び損害賠償の請求、Y2に対しては支払済みの仲介手数料の支払いを求めた。

　裁判所は、Xは本件建物を近い将来建て替える目的を有しており、本件指導要綱の存在を熟知するYらは、本件売買契約締結に際しその存在を説明することは極めて容易であったと認められるのに、これを説明せず、かつ本件建物の建て替えに際し、隣家の同意が容易に得られるから建て替えることは自由にできる旨説明していたのであるから、この点において説明義務違反があったことは明らかである、として契約を解除することができる、と判示して、Xの請求を認容した（東京地判平成9年1月28日判例時報1619号93頁）。

14 | 不動産を経営する

中城康彦

《**目標&ポイント**》 太郎さんは不動産経営にだんだん関心が高まってきました。利回りって何でしょうか。経営にはそのほかにどんなことを考えるのでしょうか。不動産経営の基礎的な知識を理解しましょう。
《**キーワード**》 賃貸管理，収支計画，利回り，不動産証券化

1. 持ち家の経営

不動産経営として，土地を駐車場にする，人に貸す方法はすでにみてきたことから（12章 p.161参照），建物を建てる場合についてみていこう。まずはじめは投資用ではなく，持ち家から考えよう。

(1) 持ち家資産の経営

生活者に最も身近な不動産経営は，所有する住宅の魅力を高めることであろう（図14-1）。持ち家を終の住みかと考えてきたわが国ではなじ

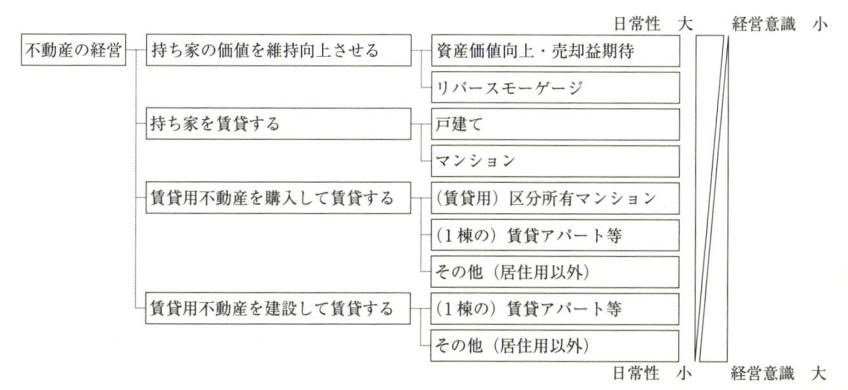

不動産の経営	持ち家の価値を維持向上させる	資産価値向上・売却益期待	日常性 大　経営意識 小
		リバースモーゲージ	
	持ち家を賃貸する	戸建て	
		マンション	
	賃貸用不動産を購入して賃貸する	(賃貸用) 区分所有マンション	
		(1棟の) 賃貸アパート等	
		その他 (居住用以外)	
	賃貸用不動産を建設して賃貸する	(1棟の) 賃貸アパート等	
		その他 (居住用以外)	日常性 小　経営意識 大

図14-1　生活者と不動産経営

みが少ないが，米国などでは手入れの程度の劣る中古住宅を安く入手し，住みながら日曜大工などにより手入れを重ね，魅力ある住宅に変えて資産価値を高める。期を見て転売してキャピタルゲイン[1]を得，それを元手にランクアップした住宅に移り住む。持ち家を使った不動産経営である。わが国でも中古住宅流通市場の活性化に伴い，このような不動産経営が身近かになる可能性がある。

　持ち家の資産価値を維持するために定期的な修繕が欠かせない（図14-2）。建物は時間の経過に伴い，物理的に性能が劣化する，機能的に陳腐化するなど市場価値が低下し，最低限度の性能を下回った時点で耐用年数を迎える（価格線C1上のT5）。これに対し，T3時点で修繕工事を行うと資産価値はP2からP4へ上昇し，曲線は上方にスライドする（C2）。修繕工事を繰り返すと価格曲線はC3，C4へ移行して価値が維持され，耐用年数も延長される。

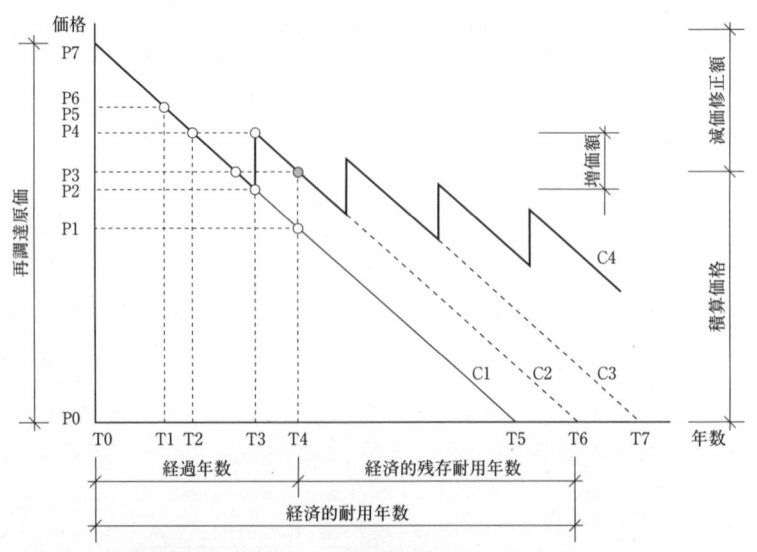

図14-2　維持管理（修繕）と建物価格
（掲載：(一財) 建設物価調査会「改訂版 建設実例データ集　建物の鑑定評価必携」より）

適時適切な修繕は所有者の資産価値を保持するだけでなく，建て替えと比較して低炭素社会の実現に貢献する方法で地球環境にやさしい。修繕をした場合は，修繕履歴を残すことが重要である。高齢化社会を迎え，持ち家を使ったリバースモーゲージにより，老後を過ごすことが考えられるが，この際でも資産価値を失わないことは重要である[2]。

(2) 持ち家の賃貸

　転勤により当面不要となった自宅を賃貸する，同居することとなった親の持ち家を賃貸するなど，持ち家の賃貸経営が考えられる。この場合に考えるべきことは，以下の点である。

①借家契約の種類

　借家の契約には更新のある普通借家契約のほか，定期借家契約，終身借家契約[3]，取り壊し予定の建物賃貸借などがある。一定期間経過後に自分で使う必要がある場合は定期借家契約とする。高齢者にずっと住んでもらいたい場合は終身借家契約とする。取り壊し時期が明確な場合は取り壊し予定の建物賃貸借とすることが考えられる。

②用途

　一般の住宅として賃貸することが基本と考えられるが，戸建て住宅で相応の部屋数がある場合などは，高齢者のグループホームとして賃貸することも考えられる。建築基準法の特殊建築物へ用途変更に該当し，用途変更の建築確認が必要である，消防関連機器の増設が必要である，などの可能性があることに注意する。

③賃貸の期間

　期間を定めないで賃貸することも可能であるが，一般には期間を定める。民法の規定では賃貸借の期間は 20 年を超えられない（民法 604 条）が，建物賃貸借契約には同条は適用されず（借地借家法 29 条），どんな

表14-1 家賃改定の特約の扱い

普通借家契約	1) 家賃改定の特約は可能である 2) 事情変動による家賃の増減額請求権が認められ，1) の特約より優先する 3) 家賃を増額しない特約については，2) の事情変動による請求権より優先する
定期借家契約	1) 家賃改定の特約は可能である 2) 家賃の減額を取り決めた特約も，家賃増額を取り決めた特約も，特約どおり実行される

長期の契約期間も認められる。一方，1年より短い期間を定めた場合，定期借家契約では有効であるが，普通借家契約では期間の定めのない契約となる（借地借家法29条）。

④**家賃**

家賃は類似の住宅の賃料等を参考にするなどの方法により決定する。将来の家賃の改定方法を約定することもあるが，家賃改定の特約は表14-1のような扱いとなる。

家賃の増額の協議がまとまらないときは，賃借人は裁判が確定するまでは相当と認める額を支払えばよく，賃貸人が受け取りを拒否する場合は，供託所に供託する。ただし，裁判の結果，支払い額が不足するときは，年1割の利息を加えて不足額を支払うことになる。

⑤**リフォーム・修繕費用**

賃貸用にリフォームをする・しないは状況による。リフォームすれば好条件で賃貸できる可能性が高まる反面，リフォーム費用の調達と返済の問題が起きる。賃貸人は修繕義務があり（民法606条），修繕の必要が発生すれば賃貸人が費用を負担することが原則となる。思わぬ修繕の発生により，純収益が予想を下回る，資金の調達に窮することもあり，持ち家の賃貸市場への供給を阻害する要因となる。これを避けるため，

修繕は賃借人が行うとする約定をすることも考えられる。

　賃借人が賃貸物の維持等に費用を出した場合の償還は，次のとおりである。賃貸人が負担すべき必要費を支出したときは，直ちに償還を請求でき（必要費償還請求権，民法608条），有益費を支出したときは，精算時に価値の増加が現存する場合に限り，支出した金額又は増価額のいずれかを賃貸人が選択して支払う（有益費償還請求権，民法608条）。賃貸人の同意を得て建物に附加した畳，建具等の造作がある場合，賃借人は退去時に，造作を時価で買い取ることを請求できる（造作買取請求権，借地借家法33条）。造作買取請求権は強行規定であったが，平成3年改正により任意規定となったので，契約で排除することもできる[4]。

⑥**借家契約の解消（定期借家以外）**

　賃貸借関係の解除の合意が成立すれば契約解除できる。賃借人の意向にかかわらず賃貸人が期間の定めのない賃貸借契約の解除や，期間の定めのある賃貸借契約の更新拒絶をするためには正当事由が必要である。正当事由は慎重に判断され，賃借人が継続居住を強く希望する場合，契約解除が困難なこともある。賃貸人がどうしても解除したい場合は，正当事由を補強するために立ち退き料を支払うことがある[5]。

　賃借人が賃借権を譲渡・転貸するためには賃貸人の承諾が必要であり，無断譲渡や転貸は契約解除事由となる。また，家賃不払い，用法違反[6]も契約解除事由となるが，これらの事実が明白であっても直ちに契約解除が認められるのではなく，「信頼関係が破壊されるほどの契約違反」と裁判所が判断する場合に契約解除が可能となる。

2. 賃貸用不動産の経営

　賃貸用の不動産を入手して経営し，収益を個人年金とするなど，積極的な経営意識に基づく不動産経営である。購入する場合と建設する場合を見ていこう。

(1) 賃貸用マンションを購入して経営する
①賃料の査定と価格の評価

　賃貸用不動産の賃料や価格は理論的に分析し，設定する必要がある。
　家賃の設定や妥当性を判断する方法は，賃貸事例比較法（比準賃料）と積算法（積算賃料）が一般的である（表14-2）。
　積算賃料は一般に購入代金等の投資額（基礎価格）に投資家として期待する利回りを乗じ，賃貸経営を持続するために必要となる必要諸経費等を加算して求める。積算賃料は供給者（賃貸人）サイドの賃料で，これを比準賃料（市場で成立するであろう賃料）が上回れば，当該不動産は好条件といえる。
　賃貸用マンションを購入するときの価格評価は，収益還元法を重視する。収益価格（第10章 p.132 参照）が売り出し価格を上回れば，当該不動産は好条件といえる。

表14-2　賃料の査定方法

比準賃料＝賃貸事例の賃料単価×事情補正率×時点修正率×地域要因格差修正率 　　　　　×個別的要因格差修正率
積算賃料＝基礎価格×期待利回り＋必要諸経費等 　　　　　必要諸経費等：減価償却費，維持管理費，固定資産税・都市計画税， 　　　　　　　　　　　　　損害保険料，貸し倒れ準備費，空室等による損失相当額

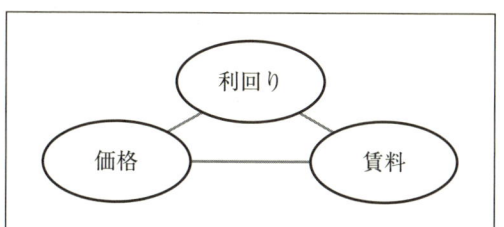

i）利回りを求める
　　・基本式1：賃料÷価格＝利回り
　　・考え方の応用：投資分析
ii）賃料を求める
　　・基本式2：価格×利回り＝賃料
　　・考え方の応用：積算法
iii）価格を求める
　　・基本式3：賃料÷利回り＝価格
　　・考え方の応用：収益還元法

図 14-3　価格と賃料と利回りの関係
（掲載：市ヶ谷出版社『住まい・建築のための不動産学入門』より）

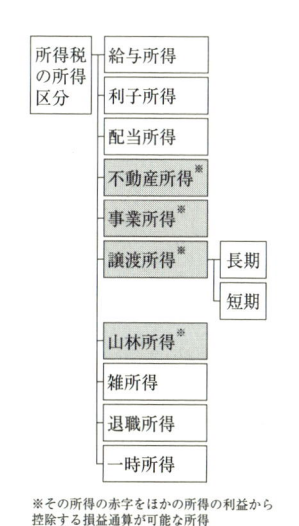

所得税の所得区分
- 給与所得
- 利子所得
- 配当所得
- 不動産所得※
- 事業所得※
- 譲渡所得※ ― 長期／短期
- 山林所得※
- 雑所得
- 退職所得
- 一時所得

※その所得の赤字をほかの所得の利益から控除する損益通算が可能な所得

図 14-4　所得区分

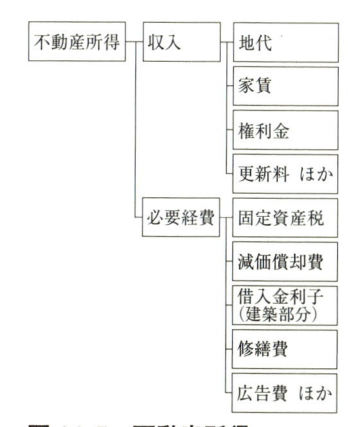

不動産所得
- 収入
  - 地代
  - 家賃
  - 権利金
  - 更新料 ほか
- 必要経費
  - 固定資産税
  - 減価償却費
  - 借入金利子（建築部分）
  - 修繕費
  - 広告費 ほか

図 14-5　不動産所得

②**不動産所得**

不動産経営をする際には収入となる賃料だけでなく，支出となる必要経費も考慮する。

不動産所得は，総収入金額－必要経費で求める。家賃，更新料等が収入金額になり，固定資産税や減価償却費，建築費のための借入金利子，修繕費，広告費などが必要経費となる。

個人の1年間の所得に対して所得税が課税される。所得税では所得を10種類に区分し，合算して税率をかける総合課税と，所得ごとに税額を計算する分離課税が併用される。土地や建物を貸した場合の所得は一般に不動産所得として総合課税され，一定の他の所得との間で，ある所得の赤字を他の所得の黒字から控除する損益通算が認められる。

なお，不動産の貸し付けが事業といえる程度の規模[7]の場合は，事業専従者控除が認められ，従業者の給与が必要経費となる。

③**不動産の売却**

賃貸用不動産は売却するなどにより経営を手じまいする。好条件で売却できるよう，日頃から維持修繕を適切に行い資産価値の維持に努める。賃貸管理を委託する場合は，受託者が当面の利回りをよく見せるために，必要な費用まで削減していないか注視する。維持管理の状態が悪いと，建物は解体費分だけ負の財産となる危険性もある。

(2) 賃貸用建物を建設して経営する

①**関与する主体の関係**

土地所有者が所有する土地の上に，賃貸建物を建設して賃貸する。不動産市場調査会社に市場調査と分析を依頼し，どのような賃貸不動産であれば市場性が高いかのアドバイスをもらう。建築設計事務所がそれを具体的な建築物として設計し，完成した図面を基に建設会社が建築施工

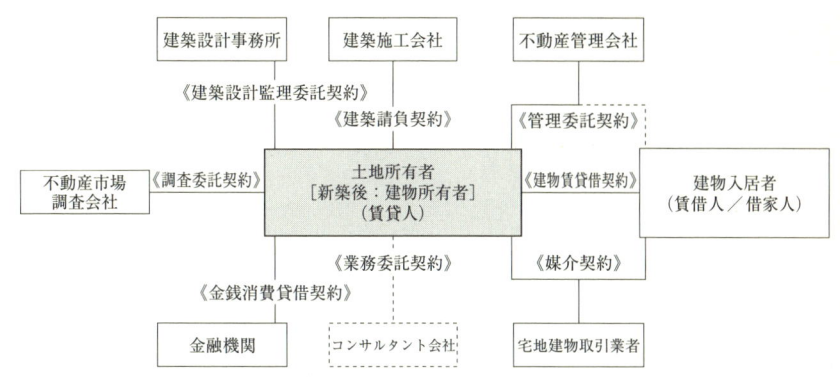

図 14-6　賃貸用建物経営の関係主体
(掲載：市ヶ谷出版社『住まい・建築のための不動産学入門』より)

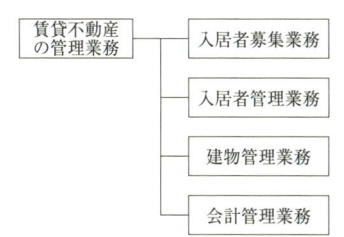

図 14-7　賃貸不動産の管理業務

を行う。建築主は完成した建物の引き渡しを受け，賃貸経営に取りかかるが，建設代金支払い等のために金融機関から融資を受ける。民法の規定では，請負契約の代金は引き渡し時に支払う（民法633条）が，建物の請負では着手時1/3，中間時1/3，引き渡し時1/3といった具合に分割払いを取り決めることも多い。宅地建物取引業者に依頼して建物入居者の募集と賃貸借契約の代理や媒介を依頼する。賃貸不動産がオープンした後は，不動産管理会社に賃貸管理を依頼する（図14-6）。

②**竣工後の賃貸管理**

賃貸住宅市場では，空き家率の高さが問題となるなど賃貸管理の重要

性が高まっている。管理方式には自主管理方式，管理委託方式，借り上げ方式[8]がある。このうち，管理委託方式により管理業者が行う管理業務の内容は以下のとおりである。

入居者募集業務　賃貸管理は賃貸建物の収入を高めることを目的の一つとしており，空室がある場合は管理業務の一環として入居者募集を行う。賃貸借契約の締結のための一連の手続きは，代理や媒介を依頼した宅地建物取引業者の支援を受けることが多く，宅地建物取引業と賃貸管理業が一体化しやすい背景となっている。

入居者管理業務　賃貸管理は賃貸借契約が良好に維持されるよう尽力することを骨子とするものであり，業務の中核は入居者満足度を高めることである。入居者管理においては，賃貸借関係維持のための監視的側面だけでなく，付加的なサービスにより入居者満足度向上に配慮する。

建物管理業務　賃貸建物の機能を維持し，美観や衛生を保持するために，長期修繕計画をつくり，建築，設備の点検や修繕，清掃等を行う。

会計管理業務　賃貸建物の予算を立案して承認を受ける。予算に基づいて賃貸建物を管理運営し，収支状況について，月次報告等を行い，年次決算を行う。前年度の実績を次年度の予算に反映する。

③**賃貸事業収支計画の作成と投資分析**

　賃貸経営の開業までに必要な初期投資額を求め，資金の調達方法を設定する。次に，賃貸経営開始後の収支を予想して，収支計画を作成する。

　初期投資額は，ⅰ）土地関連費，ⅱ）建物関連費，ⅲ）開発関連費，ⅳ）開業関連費，である。ⅰ）は，土地取得費，地盤改良費，公租公課（不動産所得税，登録免許税，固定資産税）などである[9]。ⅱ）は，建築工事費，設計監理費，測量費，地質調査費，公租公課（不動産取得税，登録免許税）などである。ⅲ）は，開発負担金，近隣対策費などを含み，ⅳ）は開業準備のための人件費，プロジェクトのPR費用，賃借人の募

集費用なである。

　必要な初期投資額に対応した資金調達を行う。一般的な建物賃貸事業では，自己資金と借入金で賄う。

　開業後の収入は，家賃収入，駐車場収入などで，費用は，維持費，管理費，修繕費，水道光熱費，保有税，借入金返済などがある。

　作成した事業収支計画が適切なものであるか，事業目的に合致しているか，投資の分析を行う。

　投資を分析する際には，ⅰ）税引き前利益黒字転換年，ⅱ）借入金完済可能年，ⅲ）投下資本回収年，ⅳ）累積赤字解消年，ⅴ）内部収益率，などに注目する。

3. 証券化不動産への投資

　自分で不動産を所有して経営する方法のほかに，不動産経営の専門家集団が資金を募って経営する不動産ファンドに出資する方法がある。具体的には日本の不動産投資信託である J-REIT（Japan－Real Estate Investment Trust）などの証券化不動産に投資し，配当などを受け取る。

(1) 間接金融と直接金融

　土地と建物を取得して不動産経営するためには多額の資金が必要である。通常の不動産経営では，自己資金（金利がかからず返済の必要がない）と金融機関からの借入金で賄う。借入金は経営状況の如何にかかわらず返済しなければならない他人資本である。金融機関は一般の預金者から預かった預金等を貸し付けており，このような資金の流れを間接金融という。間接金融では融資する銀行等が，不動産金融や投資分析の専門家として適当と判断するプロジェクトに融資する。預金者等は投資銀行等を信頼して預金する一方，どのようなプロジェクトに融資したかに

ついては関知しない。

これに対して直接金融は，投資家がプロジェクトの内容を分析したうえで判断し，不動産に直接投資する。この際，不動産証券化の手法を用いる。不動産の運用益を投資家へ分配する約定（証券）と引き換えに投資を募る。不動産市場と資本市場を直結させる点が特長である。

(2) 不動産証券化の仕組み

投資家保護のため，プロジェクト側は，事業の透明性を高めたうえで投資判断に必要な情報を開示する。日本の上場不動産投資信託であるJ-REITでは，投資法人は不動産を所有するだけで，一般事務，資産保管，投資法人債管理などを外部業者に委託することが求められる（投資法人型　図14-8 p.203）。

証券化は不動産市場と金融市場を結び付ける仕組みが機能するよう役割分担を明確にしたうえで，その仕組みが安定的，効率的に機能するようなルールに裏打ちされたもので，仕組み金融（Structured Finance）といわれる。証券化によって少額でも大型不動産の投資に参加することが可能となる。また投資からの撤退も証券の売却によって流動的に行うことができる。

投資法人の資金調達方法は，デットとエクイティに大別できる。デットは債務で，発行した証券がデットの場合，投資法人はその元本と利息の支払いが義務づけられる。金融機関から借入金として資金調達するケースもある。エクイティは，投資法人が発行する証券で，優先出資，投資口等がこれに該当する。エクイティ投資家は，投資法人が生み出す利益から配当等を受け取る権利があるが，配当の優先順位の決め方により，ハイリスク（ハイリターン）型となることもあり，商品の内容を理解したうえで出資する必要がある。

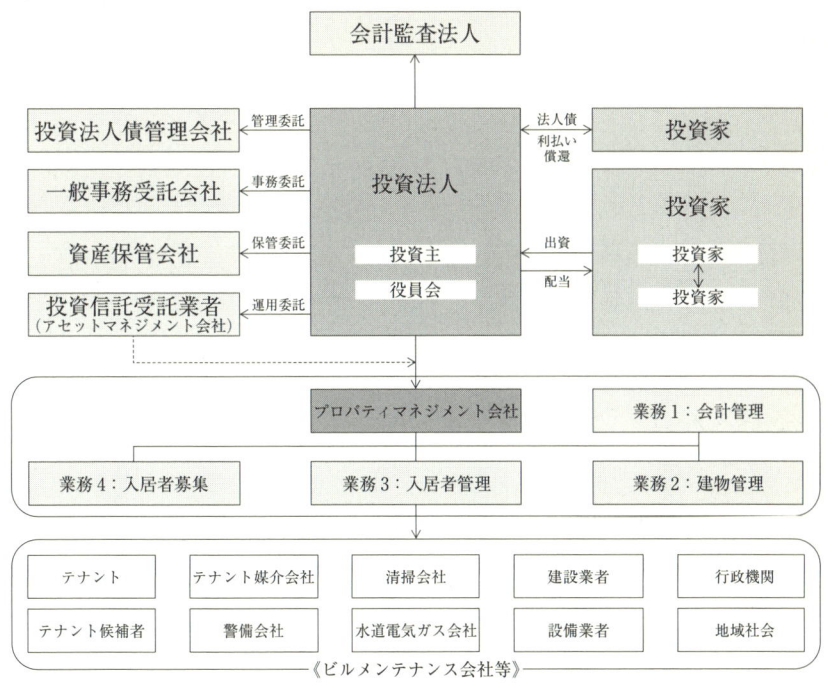

図 14-8　不動産証券化の仕組み（投資法人型）
（掲載：市ヶ谷出版社『住まい・建築のための不動産学入門』より）

(3) アセットマネジメントとプロパティマネジメント

　所有者から委託を受けて資産の運用を行うことをアセットマネジメントという。アセットマネジャーは資産全体を統括し，保有資産の追加投資や売却，新規資産の取得の計画を策定し実行する。投資家保護のため投資ファンドは瑕疵がない不動産を取得する必要がある。また，事前に瑕疵を発見できないことは専門家としての能力不足を意味する。このため，アセットマネジャーは，取得時のマネジメントとしてデューディリジェンス[10]を行う。

保有する資産について委託を受けて運営・管理を行う業務をプロパティマネジメントという。プロパティマネジャーは，テナントを募集し条件交渉等を行ったうえで賃貸借契約を締結する。テナントと日常的に接点をもち，良好な関係を築くよう努める。建物管理の面では建築や設備のメンテナンス計画をみずからあるいは別会社に委託し実行する。予算計画の作成や決算報告等の会計管理も行う。

　マネジメント会社は，投資家の利益のために利益相反行為を避ける必要がある。例えば，マネジメント会社が清掃業務などの現業を行う，賃貸媒介手数料を取るなどは，利益相反に該当するおそれがある。

4. まとめ

　不動産の経営は，所有者自身が行うことも，また専門家に依頼することも可能であるが，所有者自身が不動産所有者としての自覚と責任をもち，事業に臨むことが必要である。

》》注

1) 価格の上昇による利益のこと。キャピタルゲインは売却により顕在化する。これに対し，不動産の賃貸などによって得られる利益を，インカムゲインという。
2) リバースモーゲージは持ち家を評価し，評価額の範囲内で，生活資金の融資を受けて老後を過ごす。金融機関が高く評価する状態を保持することが大切となる。
3) 高齢者の居住の安定確保に関する法律に基づく，終身建物賃貸借契約。生きている限り借家権が存在し，高齢者単身・夫婦世帯等が終身にわたって安心して賃貸住宅に居住できる。
4) 一般には民法の規定どおり原状回復するよう約定することが多い。
5) 立ち退き料の内容は，同種同等の賃貸不動産に引っ越すための移転費用，一定期間の差額家賃等である。
6) 居住用として利用する契約にも関わらず喫茶店として使うなど。
7) 独立家屋で5棟以上，アパートの場合10室以上。
8) 管理会社に管理を委託すると同時に貸室の借主となってもらう方法で，空室の有無に関わらず賃料収入が保証される。
9) すでに土地を所有している者が行う場合は不要となる費用もある。
10) 取得しようとしている不動産に関する購入前の詳細な調査。物的側面に関しては一級建築士や技術士，法的側面に関しては弁護士，経済的側面に関しては公認会計士，資産価値評価に関しては不動産鑑定士に，依頼することが多い。

学習課題

1. 利用しなくなった持ち家をストックとして活用しようとすると，何が問題になるのだろうか。
2. 生活を豊かにするための不動産経営について考えてみよう。あわせて，その際のリスクも考えてみよう。

❀不動産の経営に関する判例❀

小川清一郎

　不動産の経営には経営者自身が情報を収集し，判断する必要がある。例えば以下の事例は，経営者の経営判断能力が問われている。

　本件は，X（フランチャイジー，加盟店）が，クリーニング店のフランチャイズ事業をしているY（フランチャイザー，本部）との間で，クリーニング店の経営を目的とするフランチャイズ加盟店契約（本件契約）を締結し，クリーニング店（行徳店）を開業したが業績が上がらず，Yの指導を受けたが一向に好転しなかったため，約9ヶ月で閉店し，本件契約の締結に際してYがXに提供した売上予測等の情報が適正でなく，Yが適正な情報を提供すべき信義則上の保護義務に違反したとして，開業に要した費用等の損害賠償請求をした事案である。

　裁判所は，フランチャイザーはフランチャイジーの指導，援助に当たり，客観的かつ的確な情報を提供すべき信義則上の保護義務を負っているから，契約に先立ってYがXに対して示した情報が客観的かつ的確な情報でなく，これによりXのフランチャイズ・システムへの加入に関する判断を誤らせたといえる場合には，Yは，信義則上の保護義務違反により，Xが被った損害を賠償する責任を負うとした。次いで，Yが本件契約の締結に先立ってXに対して示した情報の適否について判断し，Yのした売上試算，予測は，競合店についての判断を誤ってしたもので，Yが契約に先立ってXに対して示した情報が客観的かつ的確な情報でなかったとして，Yは，信義則上の保護義務違反により，Xが本件契約の締結及び開業により被った損害を賠償する責任があるとした。そして，Xとしても，Yが提供した資料等を検討，吟味すれば，同一商圏内に多数の競合店が存し，Yがした売上試算，予測が的確なものであったかについて疑問をもってしかるべきであったなどとして，7割の過失相殺をした。（東京高判平成11年10月28日判例タイムズ1023号203頁）

15 | 不動産の価値を上げる

齊藤広子

《**目標&ポイント**》 太郎さんは，戸建て住宅を購入することにしました。住んでみたらどんなことが大事なのだろうか。住まいの環境の価値はどのように決まり，どうすれば上げることができるのか。不動産の価値をあげる方法を理解しよう。
《**キーワード**》 住環境マネジメント，地域の経営

1. 住まう環境の価値

住んでから「こんなはずではなかった」という失敗をしないように，自分の住宅だけでなく，住まう環境を見極めることが大切である。不動産の価値は，周りの環境の影響が大きい。不動産の価値に影響を与える住まう環境とは何か。どうしたら価値を上げられるのか。これを考えていこう。

(1) 住まう環境

私たちが生活していて，「快適だ」「安心だ」と感じるのは，住宅だけでなく，それを取り巻く環境の影響が大きい。住まう環境（住環境）とは，住まいを取り巻く環境であり，そこには自然環境，物的環境，非物的環境がある。山があり，空気がきれいで，騒音や振動，悪臭がない。日当たりが良く，近くに商店や病院がある。そして道路や公園が整備されている。このような，自然環境や物的環境のほかに，私たちが住みや

すいと感じるものには，例えば，行政サービスがよい，近隣づきあいがある，楽しい行事やイベントがある等，非物理的な環境の影響も大きい。ここでは主に，物的環境と非物的環境を対象として住環境を考えよう。

　住環境にはいくつかのレベルがある。最も身近な各住宅の敷地レベル，次に街区レベルや近隣レベル，地区・地域レベル，そして都市レベルである。生活に身近な敷地レベルから地区レベルを主に見ていこう。

(2) 住まう環境の価値の二側面

　不動産の価値には二側面がある。市場価値（資産価値あるいは経済価値）と利用価値である。前者は不動産として市場に出た場合の価格や，借りたい人や買いたい人が多くいるといった市場性（流動性）によって表され，後者は住み心地である。例えば，隣の人が3階建住宅を建て，わが家は日陰になり，風通しも悪くなった。隣の敷地が2つに分割され，緑やオープンスペースが減り，建物密度が高くなり，環境が悪化した等である。これらの例では，隣の人が自分の財産権を守り，それを最大限に生かそうとして，他人の利用の快適さや可能性を奪っている。つまり，市場価値と利用価値がトレードオフ関係[1]の状態である。これは，魅力ある街をつくり，地域の不動産価値の向上を実現し，促進するための市場環境が整っていないために起きている。そこで地域の価値をつくるために，市場価値（資産価値）と利用価値のバランスをつくる仕組みが必要である。

(3) 価値をつくり育てるのは地域の主体

　住まう環境の価値の二側面のバランスをつくり，育てる担い手は住み手，そして地域である。従来の都市計画・まちづくりでは行政が主体で，そこに住民・地域が参加していた。それでは価値はつくれないし，上げ

られない。

　地域の価値を上げるには，法で定められた最低基準の水準よりも地域にあった地域のルールをつくり，守ることが必要だからである。行政の役割は全国均一の画一的基準を守ることが主となるが，地域は個別性・個性を尊重することができる。

　第1に，地域による土地利用のルールの策定と運営である。都市計画法や建築基準法で定められた基準以外に，敷地分割禁止や最低敷地規模の設定，建物高さや階数制限，ブロック塀を止めて生垣にすることや，色彩のルールなど，建築協定，緑地協定，景観協定，あるいは建築の指針やガイドラインの策定・運営などがある。

　第2に，地域に必要なものを地域みずからが所有，管理することである。防災の拠点，地域の人が集まれる集会所，魅力的な公園，環境形成されたフットパスなどがある。行政が所有，管理することになれば，画一的な基準で画一的なデザインのものがつくられる。例えば，アスファルト舗装の幅6mの直線の道路である。景観を考慮した道路や広場，地域が自由に使える集会所等を，地域で所有することも，行政が所有しながらも地域が管理することで地域が使いやすく，地域の目がとどきやすくなる。

　第3に，地域に必要なサービスを地域で提供することである。成熟社会では地域によって必要なサービスは異なる。行政が全国同じサービスを提供していたら効率が悪く，行政や個人の財政負担が高くなる。地域が地域の求めるサービスを提供することで無駄がなく，効率的になる。

　第4に，地域による空き地や空き家の予防・有効利用を含めた不動産の管理，賃貸，売買も含めた再生である。地域に役割が期待されるのは，民間不動産に行政関与は困難であること，既存ストックの活用は地域レベルの活用が多く，地域内での情報が重要となるからである。さらに，

地域に必要なものが変化する。その必要なものを知っているのは地域であり，地域による地域に必要なものの（再）建設・整備，及びその管理・再生が求められている。

　こうして，住環境の質の向上は，主に行政による補助金や規制，誘導に頼るのではなく，地域が求める方向へ，市場のメカニズムを利用して達成することが必要である。行政の役割は地域が目標を達成できる体制の構築，基盤づくりである。これが住環境マネジメントで，地域主体による地域の経営，不動産の価値を上げる取り組みになる。

2. 価値を上げる住環境のマネジメント

(1) 価値づくりのための体制の転換

　今までのまちづくりから大きく転換し，開発・管理・再生を一連のプロセスとして捉え，「開発・管理・再生」のなかでも，最も長い期間となる管理を重視することである。地域が地域の自律を目指し，地域で決定したことは地域全体に影響を及ぼす地域自治をもち，地域内の不平等は起きないようにする。さらに，持続可能な社会の体制づくりとして，宅地化促進を前提としない，環境に配慮した住環境の形成と，時代や社会の変化に耐えうる，可逆性のある土地利用とする。成長型社会の都市開発スキームから成熟型社会における新たな都市開発・管理スキームへと転換することである。

(2) 4つの機能と地域の位置付け

　人口・世帯減少，少子高齢化時代，成熟社会では，地域に根ざした住環境のマネジメントの必要性がますます高まる。具体的には，住環境マネジメントとして，第1に地域で地域の魅力物を保有・管理する機能（【空間管理機能】），第2に地域で土地利用をコントロールする機能（【土

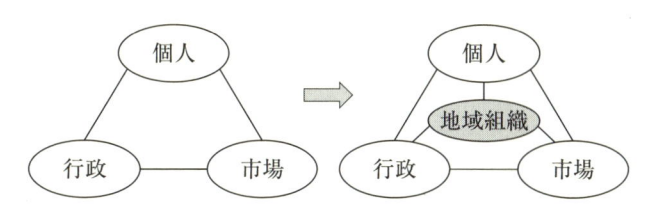

図15-1 住環境マネジメントにおける地域組織の位置づけ

従来の〈個人・行政・市場〉のみでは不十分で，補完体制として地域による組織が必要

地利用コントロール機能】），第3に地域で地域サービスを提供する機能（【サービス提供機能】），第4に地域が地域を更新・再生する機能（【空間再生機能】），この4つの機能が求められているのである。

地域に根ざし，地域の実情を踏まえ，地域で実践するためには，今までの個人や家族（私）と行政（公），そして行政（官）と民間（民），行政（公）と市場の役割分担に，新たに「地域」を位置づけ，新たな役割分担が必要である。これは，単なる各機能低下の補完体制を求めているのではなく，〈個人・行政・市場〉による体制の限界と，それに変える，新たな体制整備の必要性を示唆しているのである。（図15-1）。

3. 米国・英国における住環境マネジメントの実践

日本ではまだ住環境マネジメントの実践，そして総合的な取り組みは少なく，システムとして確立していない。そこで，諸外国，米国と英国の事例を見てみよう。取り上げるのは，米国のHOA（Homeowners Association：管理組合）によるマネジメントの実践として，「住民主体管理型」と，英国の住民組織を特に結成せず，住民の意向を踏まえて専門の管理会社が開発・管理・再生するマネジメントの実践，これは「専門会社開発・管理・再生型」でありかつ「地主主導の開発・管理・再生

型」である。では，順に見ていこう。

(1) 米国 HOA による住環境マネジメント

　米国では，1960年代から道路や公園，プール，人工の池やビーチ等を行政に移管せず，住民が所有する方法で，行政の財政負担を下げ，地域や消費者にとっては魅力的な住宅地の開発が増加傾向にある。

　こうした住宅地（一般的にこれらを CID（Common Interest Development）と呼ぶ）では，住宅所有者全員による HOA が組織される。HOA は，プールや公園，テニスコートや湖，ゴルフコース，グリーンスペースなどの豊かなコモンスペースの所有と管理という【空間管理機能】と，各住宅の修繕や増改築・建て替えのコントロールといった【土地利用コントロール機能】を主とし，レクリエーションの提供（【サービス提供機能】）による他の住宅地との差別化と，行政との住環境の管理上の役割分担の協議を行う。

　CID 及びそれを管理する HOA は，州法を基に成立し，宣言や規約や建築ルールに基づいて運営する。組織の構成員は，全住宅所有者で，住宅地が大きい場合や混合住宅地の場合には，空間に合わせた段階構成とする。方針決定は所有者全員による総会で1戸1票（または財産に応じるかは宣言で決める）の投票で決まる。理事会がつくられ，執行機関となる。理事は基本的には無報酬である。専門的な知識や技術が必要な場合には，管理会社や管理員（マネージャー）を雇用する。組織運営や管理のための費用は，不動産所有者（主に住宅所有者）が負担する。費用負担方法は宣言で決める。

　行政，HOA，個人の管理の役割分担として，道については所有がHOA か行政かに関わらず，水道，下水道，都市ガス等の埋設管のメンテナンス等は行政の責任である。個々の住宅の修繕・増改築には景観に

影響を与えることから，宣言，カベナンツ（covenant：契約，条項，特約），規約を基に，建築コントロールをする権限を HOA がもつ。ゆえに，居住者は勝手に修繕や建て替えなどができない。HOA が提供するレクリエーションは，住宅地の価値を決める一つとなっている。

(2) 英国専門会社による住環境のマネジメント

　英国でも多様な住環境マネジメントの実践があるが，ここでは特徴的なレッチワースガーデンシティの方法に注目する。ロンドン郊外の都市・レッチワースでは 1905 年から入居が始まり，エベネーザー・ハワードの田園都市構想に基づき，土地を切り売りするのではなく，リースホールド[2]で街がつくられてきた。その土地を所有するのがレッチワースガーデンシティヘリテージ財団（開発当初は田園都市株式会社，のち公社等になり，1995 年より現組織）である。5,500 エーカーの土地（当初 3,818 エーカーから拡大）の 45％が居住用に利用され，14,000 世帯，33,000 人が居住し，戸建て住宅，2 戸 1 住宅，長屋建て，共同住宅があり，財団は農場，映画館，病院などを所有・経営する。

　財団が，豊かな共用施設を所有，管理（【空間管理機能】）し，その延長として公共空間の開発や維持管理を行政と協議をして行い，各住宅の修繕や増改築・建て替えをデザインガイダンスに基づいてコントロール（【土地利用コントロール機能】），修繕実施の際の補助金の提供，レクリエーションの提供や地元居住者活動（クラブ活動やサークル活動）への補助，病院経営やそこまでのコミュニティバス，映画館等の提供（【サービス提供機能】）などを行う。住民主体管理型と大きく異なる点は，街の開発・再生（【空間再生機能】）を行い，その経済的基盤として，組織が不動産を所有・経営していることがある。財団は住宅地の居住者や地域の不動産所有者から管理費を徴集せず，活動のための主な収入は保有

不動産の賃貸料で，約7割を占めている。そこで専任のスタッフ120名や専門家の雇用が可能となり，活動範囲は地域住民個人では解決困難な問題の予防・解決に向けて広がり，多様な取り組みが行われている。

組織の方針決定は，理事会（運営委員会）が中心に行う。理事は，専門会社のスタッフと居住者代表，地元行政で構成される。住民の意向を踏まえた組織運営をするために，住民代表選出方法を細かく規定し，さらに全居住者に対する集会を開き，年次決算と予算の報告を行う。このように，財団は活動方針や財政状況を居住者に公開し，毎年の財政状況と活動報告を示したパンフレットは全戸に配付する。

なお，レッチワース財団が行政との協働の権限をもつことは，ヘリテージ財産法（1995年）で位置づけられ，また個々の土地利用のコントロールに権限があるのは，地主として住宅居住者との借地契約の中で，カベナンツ等を守ることが位置づけられているからである。ゆえに，地主主導型でもある。

4. 日本における住環境マネジメントの実践

日本でも多様な実践が個別に見られつつある。

(1) 地域に必要なサービス【サービス提供機能】

地域自らが提供する地域サービスとして，高齢者などの住宅地内・外への移動支援，コミュニティバスの運行，カーシェアリング，買い物代行，お食事会・おしゃべり会の実施など，多様な取り組みが見られる。持続可能な取り組みには，基盤となる組織や人材確保，活動資金，地域間の協力体制が課題となる。

(2) 地域の魅力を保有・管理【空間管理機能】

　道路や公園を魅力的にし，自分たちで保有，管理する住宅地も増えている。また，それらを所有しなくても地元自治体と管理協定を締結し，地域が日常管理を行うことで，他地区とは異なる魅力空間・デザインとなり，かつ地域の人の目が届いた地域空間となっている。これには，行政との連携，安定した空間の保有体制として，地域で必要な地域公共財の所有方法，管理・運営のルールが重要になる。

(3) 地域で建築・土地利用のコントロール【土地利用コントロール機能】

　良好な住環境の戸建て住宅地として東では田園調布，西では六麓荘等が有名である。これらの住宅地は共に長い間の地道な努力の成果として，良好な住環境の住宅地となっている。地区計画，建築協定，建築のガイドラインなどの段階的なルール，地区に応じた運営方法，ルールの存在を示す広報活動，専門家の支援，行政との連携などがある。こうして，協定などを通じて自分たちの街を自分たちで守り育てる住宅地は全国に多くある。例えば，できるだけ自分たちで地域を歩き，問題を予防する。こうした活動で防犯対策につなげている地域や，また協定の運営を通じて，空き地や空き家の管理を行う地域もある。

(4) 地域で空き地や空き家の有効活用【空間再生機能】

　空き地や空き家が増加すると，地域に元気がなくなり，治安上もよくない。ゆえに，不動産の有効活用は地域を元気にする鍵となる。そこで，地域による，地域と家主，賃借人を結ぶ「家守」制度をはじめとした，地域情報や新たなサービス，さらに消費者啓発型の不動産利活用がある。また空き家を活用した地域サロン，おしゃべりの会，高齢者用の弁当づくり等，子育てや高齢者用の支援の拠点や，空き地を使っての家庭

菜園，駐車場経営などがある。他機能と連携した実践のあり方，地域や地域組織による不動産の保有，行政との連携が課題である。

5. さいごに

　地域の人も含めた資源を大切にした住環境マネジメントは街，そこに住む人，それを見ている人を元気にし，不動産の価値を上げる仕組みである。なぜ価値が上がるのか。第1に将来に向かい目標がある。地域の人が誇りに思い，守り育てたいもの，目標を共有している。ゆえにトラブルを予防できる。第2に守り育てるツールがある。各自のわがままや自分勝手を縛る仕組みがある。わがままや自分勝手が通るならば，まともな人はやる気を失い，街から去っていく。建築のルールとともに，運営のための組織と民主的な運営のルールがある。第3に地域が地域のために行うことで，地域に合ったきめ細かな対応が可能である。画一的でない，地域らしさ，それが地域の魅力，満足となる。経済的・効率的でもある。第4に住環境マネジメントを通じて人々が触れ合う。人と人が触れ合うことで大きな価値が生み出され，地域の中で生きた知恵が湧く。第5に人々は地域で果たすべき役割を見つけられる。地域での居場所ができ，地域の中で自発的に行動できる。第6に人をあてにせず自発的に地域で実行した結果は，必ず地域にかえってくる。

　こうして，地域で合意を取り，街，不動産の価値を上げる住環境マネジメントの実践には，さらなる公法，私法，市場の連携，つまりそれが適正に成立するための社会システムの整備が必要である。それは，多様な人々が多様な項目で多様な状態で合意を取り，住環境マネジメントを実践するには，時には合意の前提条件として金銭的補償を含めることが必要となるからである。つまり，空間と法律と経済の関係の強化体制が求められる。さらに，地域で合意がとれた場合には，公的な基準を緩め

る等の仕組みがあれば，より地域が個性化，活性化する。具体的には時代に合わなくなった地区計画の内容は地域の合意を持って撤廃することができるなどである。これは私法と公法の強化体制である。こうして，これからの時代には，生活者が主体となり，地域生活においても，空間を取り扱う工学をはじめ，私法と公法の法律，経済・経営等の総合化した不動産学が求められ，それらを駆使し，安心で安全で豊かな生活を実現することが必要である。地域の価値，不動産の価値をあげるのは，生活者の時代になったのである。

》》注
1) あちらをたてればこちらがたたないように，同時には成立しない二律背反の関係。
2) 英国では土地と建物は一体の不動産である。不動産保有権は大きくはリースホールドとフリーホールドに分れる。フリーホールドとは「自由土地保有権」であり，わが国の所有権に近い。リースホールドは「賃借土地保有権」と訳され，期間限定利用権で，長期のものはわが国の借地権に近い。

演習問題

1. 自分の住んでいる街やまわりの街を見て，住環境マネジメントの実践を探してみよう。
2. 不動産の価値を下げている，地域の問題を探してみよう。

✿住まいの環境の価値を上げるに関する判例✿   小川清一郎

　住環境の価値を地域で上げるための土地利用コントロールとして建築協定の運営があり，協定を無視した所有者に違反部分の撤去命令が出された。

　本事例は，土地は，建築基準法に基づく「建築協定」の協定区域内にあり，上記協定には，建物の地上部分は二階までとする階層制限があった。Yは本件協定書や売買契約書の内容を確認しなかったため階層制限の存在を知らず，三階建建物の建築を計画し，市の建築主事も上記協定に気付かないまま建築確認をし，昭和59年1月半ばころ本件建物の建築工事に着手した。同年2月8日建築主事は協定の存在に気付き，市及びXの担当者並びに建物の設計者，施工業者が善後策を協議したが，Y側は協定の変更・廃止を求めるも結論は留保され，Xは結論が出るまで工事中止を要請し，Yは一時工事を中断した。しかし，Yは結論が出ないまま建築工事を再開し，本件協定を維持する等としたXの結論が伝えられた後も，工事を継続し，建物が完成した。

　裁判所は，協定の存在を知らなかったことはYの落度であり，Yが本件協定の存在を知らず，建築確認の際に建築主事が本件協定を指摘しなかったことをもって三階部分の建築を正当化できない。Yは本件協定違反を知った当初から三階建に固執し，本件協定に従う意思のないまま建物の建築を強行し，三階部分の撤去に伴う損失を拡大させたのはYの対応に起因する。建築協定の実現は当事者の任意の履行により図られるべきものであり，協定の内容を一律に実施することで実効性が確保されるもので，本件の事実経過の下では実害ないことを主張して三階部分の建築を正当化できないとし，Yの主張を排斥しXの請求を認容した。

（神戸地裁姫路支部平成6年1月31日判例タイムズ862号298頁）

参考文献

第1章　生活に身近な不動産学
齊藤広子・中城康彦『住まい・建築のための不動産学入門』(市ヶ谷出版社, 2009年)
石原舜介・高辻秀興『不動産学概論』(放送大学教育振興会, 1993年)
高辻秀興・前川俊一『不動産学の基礎』(放送大学教育振興会, 1997年)

第2章　住まいを借りる
㈶不動産適正取引推進機構編『住宅賃貸借(借家)契約の手引』(2011年)

第3章　住まいを探す
建築構造システム研究会編『図説テキスト　建築構造―構造システムを理解する―』(彰国社, 2008年)
今村仁美, 田中美都『図説　やさしい建築一般構造』(学芸出版社, 2009年)
服部岑生, 上野武『失敗予防の住まい学』(放送大学教育振興会, 2009年)

第4章　住まい購入の契約をする
㈶不動産適正取引推進機構編『不動産売買の手引』(2011年)
不動産公正取引協議会連合会編『不動産広告あらかると』(2010年)

第5章　住まいを管理する
齊藤広子『不動産学部で学ぶ マンション管理学入門』(鹿島出版会, 2005年)

第6章　住まいの環境を守る
阪本一郎『都市と生活空間の工学』(放送大学教育振興会, 2000年)
小林重敬ほか『条例による総合的まちづくり』(学芸出版社, 2002年)

第7章　住まいと環境をつくる
久保光弘『まちづくり協議会とまちづくり提案』（学芸出版社，2005年）
宮崎洋司『都市再生の合意形成学』（鹿島出版会，2008年）

第8章　住宅価格が決まる
前川俊一『不動産経済学』（プログレス，2003年）

第9章　住まいの資金計画をたてる
鵜野和夫『わかりやすい土地建物の税金常識』（日本実業出版社，2009年）
篠原正博『住宅税制論持ち家に対する税の研究』（中央大学出版部，2009年）

第10章　不動産を相続する
川井健『民法概論5　親族・相続』（有斐閣，2007年）
遠藤浩ほか編『民法（9）相続』（有斐閣，第4版増補補訂版，2005年）

第11章　ストックを活用する
野城智也，腰原幹雄，齊藤広子，中城康彦，西本賢二共著『住宅にも履歴書の時代
　―住宅履歴情報のある家が当たり前になる』（大成出版社，2009年）
高田光雄『日本における集合住宅計画の変遷』（放送大学教育振興会，1998年）
日本建築学会『建築設計資料集成6　建築-生活』（丸善，1988年）
日本住宅協会編『昭和の集合住宅史』（日本住宅協会，1995年）
松村秀一ほか編著『建築再生の進め方　ストック時代の建築学入門』（市ヶ谷出版
　社，2008年）

第12章　土地を活用する
不動産行政法規研究会『要説 不動産に関する行政法規』（学陽書房，2004年）
荒秀，稲本洋之助，篠原弘志，成田頼明，山本進一『不動産法の基礎知識』（有斐閣，
　1976年）

第13章　不動産を分割・併合する
齊藤広子，中城康彦『コモンでつくる住まい・まち・人―住環境デザインとマネジメントの鍵』(彰国社，2004年)
山本雅之『農ある暮らしで地域再生―アグリ・ルネッサンス』(学芸出版社，2005年)

第14章　不動産を経営する
松村秀一ほか編著『建築生産（第二版）』(市ヶ谷出版社，2007年)
杉本幸雄『不動産実務百科Q&A』(清文社，2011年)

第15章　不動産の価値を上げる
齊藤広子『住環境マネジメント―住宅地の価値をつくる』(学芸出版社，2011年)
齊藤広子・中城康彦『コモンでつくる住まい・まち・人―住環境デザインとマネジメントの鍵』(彰国社，2004年)

共通
建築用語辞典編集委員会編『建築用語辞典』(技報堂出版，1973年)
日本不動産学会編『不動産学事典』(住宅新報社，2002年)
彰国社編『建築大辞典』第2版(彰国社，1993年)

索引

●配列は五十音順．＊は人名を示す．

●あ 行

アフターサービス　58
遺産分割　140
椅子座　25
一時使用建物賃貸借（一時使用借家）契約　31
一括更新型　102
逸失利益　92
移動の「機会費用」　91
遺留分減殺請求権　146
印紙税　124
インナーシティ問題　94
請負契約　46
売り希望価格　113
売り手の利益　113
売り手の留保価格　112
HIP（Home information pack）　13
HOA（Homeowners Association）　211
ADR（Alternative Dispute Resolution）　33
エスクロー会社　60
奥行　153
おとり広告　52

●か 行

買い希望価格　113
改善型再開発　103
買い手の留保価格　112
買取型フラット35　121
開発権の移転　100
開発行為　168
外壁後退距離　82
価格形成要因　108
瑕疵担保　56
瑕疵担保責任　17, 56
カベナンツ（covenant）　213, 214
借入可能額　119
換地　96
管理規約　67
管理業務主任者　19, 73
元利均等返済　122
管理を行うための団体　67
管理者　67, 69
管理費　29
機会費用　92
既存不適格　87
基盤整備　93
規約共用部分　65
キャピタルゲイン　16, 192
給与住宅　24
狭隘道路　101
共益費　29
供給価格　107
共同建て替え　187
共用部分　65, 160
居住地選択　90
区域区分　166
空間価値　187
クーリングオフ制度　55
区分所有　65
区分所有法（建物の区分所有等に関する法律）　66, 67
景観利益　89
経済価値　208
形態制限　168
月賦償還率　122
間　148
減価修正　137

原価法　16
原状回復　35
原状回復義務　27
建築確認　45
建築確認制度　168
建築基準法　78
建築協定　79, 218
建築面積　79
減歩　96
建ぺい率制限　79
権利変換　97
公営住宅　17
公営住宅法　25
公営の借家　24
公示価格　16
公証人　61
更新　164
更新拒絶　174
更新料　29
高度利用地区　99
購入時の資金調達計画　127
効用逓減の法則　92
高齢者住まい法（高齢者の居住の安定確保
　　に関する法律）　17
国土利用計画法　18
誇大広告　52
固定期間選択型住宅ローン　121
固定金利　120
固定資産税　125
固定資産税評価額　16, 125
個別要因　109

●さ　行
サービス付き高齢者向け住宅　17
再開発　90
再開発地区計画　99

債権　14
再調達原価　137
債務不履行　29
在来構法　42
CID（Common Interest Development）
　　212
J-REIT　201
市街化区域　18
市街化調整区域　18
市街地再開発事業　94
時間価値　92
敷金　29, 35
敷金の預かり制度　33
敷地利用権　66
敷引き特約　35
資金制約条件　119
資金調達可能額　119
資産価値　208
市場価値　208
支払意思額　108
司法書士　19
資本還元　108
資本コスト　108
借地借家法　27
斜線制限　80, 168
収益還元法　16
集会（総会）　67, 68
終身借家契約　193
終身建物賃貸借（終身借家）契約　31
終身賃貸借制度　17
住生活基本法　17
修繕義務　27, 194
修繕積立金　70
住宅瑕疵担保履行法（特定住宅瑕疵担保責
　　任の履行の確保等に関する法律）　17, 58
住宅金融支援機構　121

住宅金融公庫　17
住宅取得に対する減税措置　124
住宅性能表示制度　17, 59
住宅地高度利用地区計画　99
住宅の減耗率　110
住宅の品質確保の促進等に関する法律
　　17, 57
住宅立地論　91
住宅履歴情報　17, 159
住宅ローン　120
住宅ローン控除　110
住宅ローン債権の証券化（RMBS）　121
住宅ローン返済計画　128
重要事項説明　53, 64
需要価格　107
主要構造部　42
準都市計画区域　166
衝撃音　156
少子高齢化　116
消費者契約法　35, 56
消費税　124
情報の非対称性　58
食寝分離　150
新耐震設計　36
信頼関係　195
筋かい　38
スプロール　99
スラムクリアランス　94
正当事由　31, 163, 174
セールスパーソン　61
設計監理方式　72
セミデタッチハウス　181
善管注意義務　27
全期間固定金利型住宅ローン　121
全面更新型　103
前面道路幅員　103

専有部分　65
専用使用権　157
総会　68
総合設計制度　99, 106
造作買取請求権　195
相続時精算課税制度　124
相続税　124
贈与税　124
ゾーニング　78
損益通算　198

●た　行
大規模修繕　70, 71
第三者対抗力　143
大都市法（大都市地域における住宅及び住
　　宅地の供給の促進に関する特別措置法）
　　18
耐力壁　38
諾成契約　54
宅地建物取引（宅建）主任者　19
宅地建物取引業法（宅建業法）　51, 53
建売分譲　115
建物　10
建物買取請求　172
建物検査員（インスペクター）　61
建物診断　70
建物の劣化診断　70
短期譲渡所得　126
探索の限界費用　112
探索の限界利益　112
地域地区　78, 166
地域要因　109
地価公示　16, 175
地価調査　16
地区計画　77
地方分権一括法　86

仲介業者　114
長期修繕計画　70
長期譲渡所得　126
長期優良住宅法（長期優良住宅の普及の促進に関する法律）　17
調査・診断　70
調査説明義務違反　50
眺望　50
直系尊属　133
貸借人　26
賃貸借契約　26, 35
賃貸人　26
通常損耗　35
ツーバイフォー構法　43
坪　148
DK　25
TDR　100
定期借地権　15
定期借家権　15
定期建物賃貸借（定期借家）契約　31
定着物　10
抵当権　142
手付金　54, 190
田園都市構想　213
登記　66
登記所　15
登記済証　55
登記の表題部　66
登記簿　66
登記簿謄本　55
動産　10
登録価格　114
登録免許税　123
特定街区　98
特定容積率適用地区　187
特別縁故者　134

特別決議事項　69
特例容積率適用区域　101
都市計画区域　166
都市計画審議会　99
都市計画税　125
都市計画法　78
都市再開発法　94
都市再生機構　24
都市再生緊急整備地域　99
都市再生特別措置法　99
都市の拡散化　91
都市複合開発（MXD）　94
都市不燃化　94
都心回帰　91
土地家屋調査士　19
土地基本法　18
土地区画整理事業　90
土地利用の外部性　78
土地利用のルール　77
取消訴訟　106
取り壊し予定の建物賃貸借　193
取引事例比較法　16
取引成立条件　113

●な　行

2項道路　83
2室採光　154
二方向避難路　83
日本住宅公団　17, 25
年額資本費用　108
年賦償還率　122
農住組合法　18
延べ面積　79, 157

●は　行

媒介契約　114

倍率方式　135
ハワード，エベネーザー＊　213
日影制限　80
引き渡し　32
必要費償還請求権　195
複合不動産　177
複利現価率　137
不正広告　52
普通決議事項　69
普通建物賃貸借（普通借家）契約　31
物権　14
物件情報開示書（TDS）　61
不当景品類及び不当表示防止法　52
不動産　10
不動産学　10
不動産鑑定　16
不動産鑑定士　18, 19
不動産鑑定評価手法　16
不動産金融　16
不動産経済　16
不動産公法　15
不動産私法　15
不動産取得税　123
不動産投資　16
フラット35　121
フランチャイズ事業　206
フリーホールド　217
ブローカー　61
分譲市場　107
べた基礎　37
ペット飼育禁止　76
ヘドニック分析　108
変動金利　120
変動金利型住宅ローン　121
法定共用部分　65
法務局　15

ボーナス時払いの償還率　122
保証型フラット35　121
保証金　35
保全措置　54
保有税の実効税率　110
保留床　97
保留地　96

●ま　行

間口　153
まちづくり　104
街並み　85
マンション管理士　19, 74
マンション管理適正化法（マンションの管理の適正化の推進に関する法律）　17, 73
マンション標準管理委託契約書　73
マンション標準管理規約　68
密集市街地　101
民営借家　24
民間賃貸住宅　24
民法　27

●や　行

有効空地　98
有益費償還請求権　195
誘導型の再開発　98
誘導居住水準　149
床座　25
容積率　168
容積率制限　79
用途混合　81
用途純化　81
用途制限　168
用途地域　77, 166
用途別容積型地区計画　99
余剰容積率　187

●ら　行

ラーメン（Rahmen）構造　43
リースホールド　213
理事会　69
リノベーション　72
リバースモーゲージ　193
流通市場　107
利用価値　208
隣棟間隔　82
礼金　29, 35
歴史的建造物　98
レッチワースガーデンシティ　213
連担建築物設計制度　187
ローン特約　131
路線価　16
路線価方式　135

分担執筆者紹介

小川　清一郎（おがわ・せいいちろう）
・執筆章→4章・各章判例

1957年	鹿児島県に生まれる
1981年	中央大学法学部卒業
1988年	中央大学大学院法学研究科博士課程単位取得退学
1999年～2000年	ケンブリッジ大学土地経済学部客員研究員
2011年～2012年	ミュンヘン大学法学部客員教授
現在	明海大学不動産学部教授
専攻	民法学
主な著書	不動産開発の基礎（共著　清文社）
	物権法（開成出版）

阪本　一郎（さかもと・いちろう）
・執筆章→6・7章

1949年	東京都に生まれる
1980年	東京工業大学大学院理工学研究科博士課程単位取得退学
	放送大学助教授，東京工業大学助教授を経て
現在	明海大学不動産学部教授　工学博士
専攻	都市計画
主な著書	都市と生活空間の工学（放送大学教育振興会）
	都市システム工学（共編著　放送大学教育振興会）
	都市計画教科書（共著　彰国社）
	不動産学事典（共著　住宅新報社）

(執筆の章順)

前川　俊一（まえかわ・しゅんいち）
・執筆章→8・9章

1950年　　長野県に生まれる
1976年　　中央大学大学院経済学研究科修士課程修了
1995年　　博士（経済学）を中央大学にて取得
1978年～1992年　㈶日本不動産研究所研究部
1994年～1995年　ケンブリッジ大学土地経済学部客員研究員
2003年～2006年　慶応大学大学院政策メディア研究科招聘教授
現在　　　明海大学不動産学部教授
専攻　　　公共経済学，不動産経済学
主な著書　不動産経営論（清文社）
　　　　　土地市場論（清文社）
　　　　　不動産投資分析論（清文社）
　　　　　不動産経済学（プログレス）

編著者紹介

齊藤　広子（さいとう・ひろこ）　・執筆章→1・2・4・5・15章

大阪府に生まれる
1983年　筑波大学第3学群社会工学類都市計画専攻卒業
　　　　分譲マンション供給の不動産会社勤務を経て
1993年　大阪市立大学大学院生活科学研究科後期博士課程修了
2005～2006年　ケンブリッジ大学土地経済学部客員研究員
現在　　明海大学不動産学部教授　博士（学術），博士（工学）
専攻　　都市計画，住居学，不動産学
主な著書　住環境マネジメント―住宅地の価値をつくる（学芸出版社）
　　　　　すまい・建築のための不動産学入門（共著　市ヶ谷出版社）
　　　　　不動産学部で学ぶ　マンション管理（鹿島出版会）
　　　　　これから価値が上がる住宅地（学芸出版社）
　　　　　コモンでつくる住まい・まち・人（共著　彰国社）

中城　康彦（なかじょう・やすひこ）　・執筆章→3・10・11・12・13・14章

1954年　高知県に生まれる
1979年　名古屋工業大学大学院工学研究科修士課程修了
2004年～2005年　ケンブリッジ大学土地経済学部客員研究員
　　　　建築設計事務所，不動産鑑定事務所を経て
現在　　明海大学不動産学部教授　博士（工学）
専攻　　不動産学
主な著書　住まい・建築のための不動産学入門（共著　市ヶ谷出版社）
　　　　　企業不動産を活かす経営（共著　日本経済新聞出版社）
　　　　　コモンでつくる住まい・まち・人（共著　彰国社）

放送大学教材　1128302-1-1311（テレビ）

生活者のための不動産学入門

発　行　　2013年3月20日　第1刷
編著者　　齊藤　広子
　　　　　中城　康彦
発行所　　一般財団法人　放送大学教育振興会
　　　　　〒105-0001　東京都港区虎ノ門1-14-1　郵政福祉琴平ビル
　　　　　電話　03（3502）2750

市販用は放送大学教材と同じ内容です。定価はカバーに表示してあります。
落丁本・乱丁本はお取り替えいたします。

Printed in Japan　ISBN978-4-595-31415-5　C1352
本文用紙は再生紙を使用しています。